働く人のための時間管理ワークブック

著

中島美鈴，前田エミ，高口恵美，谷川芳江，牧野加寿美

星和書店

本文デザイン：林利香
挿画：高嶋良枝

本書の使い方

　この本は，リワークプログラムで復職を目指す方，就労移行支援施設などでこれから仕事を始めたいと思っている方，うまく時間管理やスケジュール管理をしたいと思っている方，新社会人の方など，「働く人」を対象にしています。

　働く人にとって，定時に出勤し，予定の日時を覚えておき，それに間に合うように準備し，次々に頼まれる仕事の時間配分を考えて，期限までに仕上げることは，「時間管理」と呼ばれる大切なスキルです。この本では「時間管理」のスキルを向上させ，みなさんの働く人生がより豊かになることを目指しています。

　本書は，三章で構成されています。最初から順に読んで取り組むのもよいですし，必要な箇所だけ選んで取り組んでもよいでしょう。

　第1章の自己理解編では，自分の仕事面での長所短所を分析し，さらに，休職の経験や時間管理に失敗した経験がある場合は，その経緯を整理しながら振り返っていきます。自分にとって必要なスキルを明らかにしたうえで，第2章以降から学んでみたいワークを選んで実践することができます。そのため，自分にぴったりなオーダーメイドプログラムを作ることができるのです。

　ワークで取り組んだ時間管理のスキルは，ぜひみなさんの仕事に活かしてください。実生活で取り組むことで，みなさんの職業生活が充実しますように！

目　次

第 1 章
自己理解編

　この章では，自分の仕事面での長所短所を分析するだけでなく，休職の経験やこれまでに時間管理に失敗した経験がある場合は，その経緯を整理しながら，これまでの自分を振り返り，自己理解を深めていきます。

01　これまでの自分を振り返ろう

事例　ミカさん（40代女性・仮名）

これまでの人生って何だったの

　ミカさんは，職場結婚の夫と共働きするなか，離れて暮らす親の家事の手伝いも，ここ数年，毎週末に続けています。子どもたちは大学生になり，育児は落ち着いているものの，管理職として社内での責任は増える一方です。仕事に家事，親の世話と，重なり続ける状況にミカさんは疲労感でいっぱいです。

方略　ライフラインチャート（自分史）でこれまでの自分を振り返ろう

　自分のことを振り返る方法として，自分の人生を「ライフラインチャート」と呼ばれるグラフで可視化する手法があります。直感的におおよそで描いた一本の線（ライフライン）が人生の縮図となり，自分を振り返る際に役立ちます。例として，ミカさんの縮図を見てみましょう。

解説　ライフラインチャート（自分史）を描く【ミカさんの場合】

　ミカさんは，自分がこれまでどのような人生を歩んできたのかライフラインチャートにして書き出してみました。結果，自分が思うよりずっと人生には波があり，それとともに気分が浮き沈みしていることがよくわかりました。

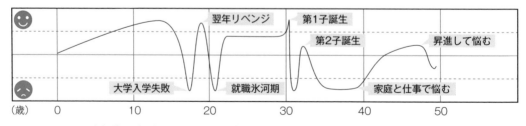

　ミカさんの浮き沈みを眺めてみましょう。世間一般で祝福されるライフイベント（人生での出来事）が落ち込みの原因となることも多くあります。ミカさんの事例を通して，あなたの場合にはどんなイベントが該当するか考えてみましょう。

ライフラインチャート（自分史）を描く【あなたの場合】

以下の図に，あなたのライフラインチャートを描いてみましょう。

まずは横軸に年齢を書き足します。年齢の始点は，0歳からでもいいし，15歳くらいからでもかまいません。直感で，自由に「この年齢から描きたい」というところに設定しましょう。次にライフライン（人生を表す線）の山や谷を描きます。社会的評価や，現在から見た評価でもなく，当時の「自分のものさし」の感覚のままに表現してみましょう。最後にライフラインの山が始まったきっかけ，谷のきっかけとなった出来事を書き足していきます。

あなたの人生の10大ニュースを書き出してみましょう。

書き出したら，今の自分に与えた影響の度合いで「優先順位づけ」をしてみましょう。

自分がいつ頃，何に影響を受けたのか見えてくるかもしれません。

例）第1位：第1子誕生
　　第2位：昇進

方略　　自分の必勝パターン，こじらせパターンに気づこう

解説　　必勝パターン，こじらせパターン【ミカさんの場合】

　ミカさんはライフラインチャートを描きながら，私生活と働き方について振り返りました。仕事が大変だった谷の部分では，早めに誰かに相談してなんとか乗り切ったこともありました。これがミカさんの必勝パターンといえます。一方で，誰にも相談せずに抱え込んだ結果，職場でも家庭でも孤立したこともありました。これは人生のこじらせパターンといえます。このように，長年培われた対処パターンが必ずしも役に立つものばかりでないことにも気づきました。

ワーク　　必勝パターン，こじらせパターンを書く【あなたの場合】

　あなたの人生の必勝パターンやこじらせパターンはどうでしょう？　ライフラインの，浮上している部分や，長く続いた谷の部分を振り返ってみましょう。

私の人生必勝パターン
例）早めに誰かに相談する

ベスト１：

ベスト２：

ベスト３：

私の人生こじらせパターン
例）相談せずに抱え込む

ベスト１：

ベスト２：

ベスト３：

インタビューに答えることで自分を発見しよう

ワーク　ミカさんのインタビューに答える

ミカさんは，同窓会に参加し，旧友たちの「今」を積極的に尋ねてみました。

　①今どんな仕事をしているの？

　②どういう経緯でその仕事を選んだの？

　③これからどんな働き方をしたい？

同級生同士でも違いは大きく，たくさんの発見がありました。ミカさんのインタビューを受けたつもりで，あなた自身について教えてください。

今の仕事（日中の主な活動）

仕事を選んだ経緯，仕事を通して得たいもの

これからどんなふうに働いていきたいか

方略 自己紹介をしてみよう

 解説 自己紹介を書く【ミカさんの場合】

　ミカさんは，ここまでのワーク（p.2〜5）を通して考えたことをもとに，自己紹介を作成しました。就活に始まり，働き始めると自己紹介を求められる機会はたくさんあることでしょう。

ワーク 自己紹介を書く【あなたの場合】

　あなたも，自己紹介する自分をイメージしながら記入してみましょう。

	長所	この10年間ではまった活動・もの	「〇〇な人だね」，〇〇に入る言葉は？
自分の			
	幸せを感じるとき	悲しいと感じるとき	落ち込んだときの対処法
自分が			
	得意（好き）	不得意（嫌い）	私らしい人間関係対処法
人間関係での	例）優しく教える	例）厳しく教える	
	得意（好き）	不得意（嫌い）	
その他（趣味・環境・雰囲気など）	例）区切られた空間	例）大きな音	

　自己紹介を記入してみて，気づいたことを書きましょう。

02 これからの自分を描こう

事例 ミカさん（つづき）

これからどうなりたいんだろう……

　ミカさんは，ライフラインチャートを見て，受験の失敗や就職難だけでなく，結婚や出産，昇進などの慶事の後に落ち込みやすいことに気づきました。ミカさんは，過去を振り返るなかで，ずっと誰かのために生きてきたことにも気づき，これからはもっと自分を大切にしたいと考えました。自分は何を大切にしていて，何ができそうで，これからどうなりたいのか，マンダラチャートという方法を参考に整理しました。

方略 **マンダラチャートでこれからの自分を描き，行動目標を設定しよう**

解説 **マンダラチャートを描く【ミカさんの場合】**

マンダラチャートの手順

① 9 × 9 のマスを作り，それを 3 × 3 のマスを 1 ブロックとして 9 ブロックに分けます。中心に「自分の成し遂げたいこと」（テーマ）を書きます。

② 中心の 1 マスを囲む各 1 マス計 8 マスに「成し遂げたいこと」を達成するために必要な「要素」を書きます。ここでは，「身体」「心」「趣味」「生活」「仕事」「お金」「人間関係」「その他」という 8 つの要素とします。

③「8 つの要素」を得るために必要な「8 つの行動目標」を各要素を囲む空欄に矢印の方向へ向かってぐるっと一周 1 マスずつ書きます。

※行動目標には可能なかぎりの実行日などを，数字で具体的に書きましょう。

ミカさんのマンダラチャートは，以下のようになりました。

ストレッチ	階段使う	散歩	ゆるゆる	ゆっくり	丁寧に	書道	読書	カフェ巡り
	身体	深呼吸		心	祈る		趣味	ガーデニング
		瞑想する			自分を許す		身体を労る	ドラマを観る
玄関掃除	クリーニング利用	花を飾る	身体	心	趣味	7割スケジュール	すぐに返信	溜める前に相談
	生活	家事休み	生活	自分を大切にする	仕事	再確認	仕事	定時退社
布団乾燥機を使う	衣替え	一口目を味わう	お金	人間関係	その他	よく眠る	本音で話す	有給消化
記帳する（3カ月後）	先取貯蓄（6カ月後）	FPに相談（1年後）	思いやり	あいさつ	断る	夢を持つ	靴を磨く	人の夢を聞く
	お金	夫婦で話し合う（1年後）		人間関係	正直さ		その他	ごほうび探し
	保険見直し（3年後）	不用品を手放す（2年後）		感謝する				たまの夜更かし

※ ⟶ は，書き進む順

8

ワーク マンダラチャートを描く【あなたの場合】

　空欄部分を「あなたの場合」で埋めてみましょう。まず，中心にテーマを書きます。

　自分の大切にしていることや想いが，普段漠然としていても，1つのテーマに沿って整理していくと輪郭がはっきりしてきます。一人で静かに，または誰かと一緒にワイワイと自分のテーマに沿って考えてみましょう。遠い未来よりも，2カ月〜半年先くらいの達成を目指した具体的な目標にすると書きやすいかもしれません。

私のテーマ　【　　　　　　　　　　　　　　　　　　　　　　】

	身体			心			趣味	
			身体	心	趣味			
	生活		生活	テーマ	仕事		仕事	
			お金	人間関係	その他			
	お金			人間関係			その他	

※ ━━▶ は，書き進む順

03 不調（休職）に至った経緯を分析しよう

事例 エイタさん（30代男性，仮名）

うつにかかったエイタさん

　エイタさんは，元々営業で成績がよく周囲からも認められていました。半年前に管理職へと昇進すると，部署や部下の管理，会議の出席や他部署との調整などマネジメント業務を求められるようになりました。当初はそのうち仕事に慣れるだろうと思っていましたが，次第に仕事に集中できなくなり，ミスが増えていきました。気持ちが落ち込み，仕事がおっくうになり，仕事は溜まる一方でしたが，誰にも相談できませんでした。夜は熟睡できなくなりました。以前はお酒を週に一度しか飲みませんでしたが，毎晩飲むようになりました。家族から心配されて，精神科の病院を受診したところ，うつ病と診断され，休職となりました。

方略 **自分の不調の要因を分析しよう**

解説 自分の不調の要因を分析する【エイタさんの場合】

エイタさんが休職に至った要因を，「引き金」，「サイン」，「反応」という３つの要因に分けて分析してみます。

「引き金」は，ストレスとなる出来事でいわゆるうつのきっかけです。エイタさんの場合は昇進でしたが，他にも単身赴任，異動や転勤，上司が変わることなどもあります。

こうした出来事をきっかけにして現れる不調が「サイン」で，うつ症状全般を指します。エイタさんの場合には，落ち込み，おっくうな感じ，不眠などがありました。

そのサインに間違った「反応」をすることでさらにうつを悪化させるといわれています。間違った「反応」は，ネガティブな側面にばかり注目するようになったり，しなければならないことを避けたり，つらい体験について何度も考え込んだりすることです。エイタさんは，仕事を溜め込み，誰にも相談せず，お酒を飲んで気分を紛らわしていました。それでますます事態は悪化し，さらにうつを長引かせていたのです。

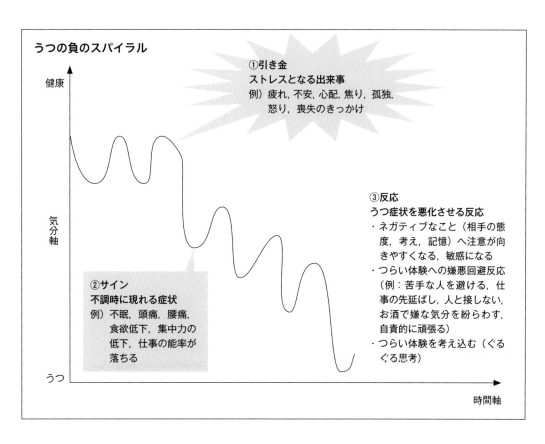

第１章 自己理解編

11

自分の不調の要因を分析する【あなたの場合】

　前に書き出した自分史（ライフラインチャート）も参考にしながら（p.3参照），あなたが不調になった要因を分析してみましょう。引き金（ストレスとなる出来事），サイン（不調時に現れる症状），反応（不調を悪化させる反応）に分けて整理してみましょう。

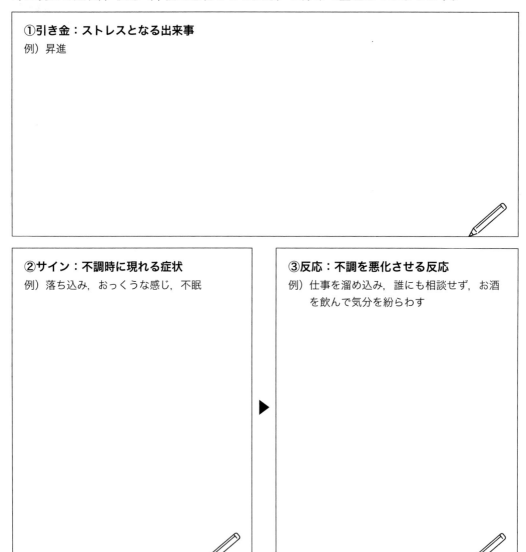

①引き金：ストレスとなる出来事
例）昇進

②サイン：不調時に現れる症状
例）落ち込み，おっくうな感じ，不眠

③反応：不調を悪化させる反応
例）仕事を溜め込み，誰にも相談せず，お酒を飲んで気分を紛らわす

　不調だった頃の自分を思い出すなど，要因を分析するために向き合うことは大切ですが，とてもつらいことでもあります。可能であれば，医師や臨床心理士など専門家と一緒に行うことをおすすめします。まずは元気を取り戻してから，冷静に落ち着いた状態で取り組みましょう。無理は禁物です。

04　得意・不得意を分析しよう

事例 ハルさん（30代女性，仮名）

「特技」なんてありません

　ハルさんは，これまで仕事が長続きしたことがありません。そのため「私には社会の役に立つ特技が何もない」と落ち込んでいます。それでも仕事の面接を受けに行くと，いつも特技について聞かれます。今後は少しでも自分に合った仕事を見つけたいのですが，正直に言って自分に合う仕事があるとは思えません。

　ハルさんの気持ちがわかりますか？　ハルさんには，本当に，何の特技もないのでしょうか？　ハルさんはこれまでにたくさんの仕事をしてきました。この経験をもとに，特技を探っていけそうですよ！

自分の特技を発見しよう

解説&ワーク　自分の特技を考える【ハルさんの場合】

　ハルさんはこれまで経験のある仕事を，働きやすかった仕事と，働きにくかった仕事に分けてみました。それぞれのグループに何か共通点が見つかるでしょうか？　働きやすい仕事で活かせていた自分の特性こそが，特技なのです。

　ハルさんの特技は何だと思いますか？　どんな仕事を選べばそれを活かせそうですか？

ワーク **自分の特技を考える【あなたの場合】**

▶いくつかの職場を経験したことのある方（アルバイトでもなんでも）

　これまで経験のある仕事を，働きやすかった仕事と，働きにくかった仕事に分けてみましょう。それぞれのグループに何か共通点が見つかるでしょうか？　働きやすい仕事で活かせていた自分の特性こそが，特技なのです。

▶仕事をしたことがない方

　自分史（ライフラインチャート）を振り返ってみましょう（p.3参照）。浮き沈みを描いたグラフのうち，「幸せ」な時期の共通点を見つけましょう。

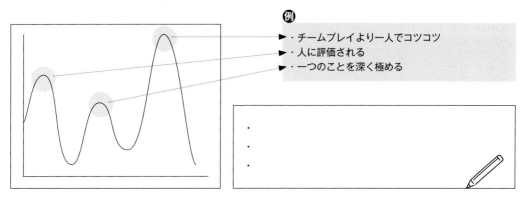

　あなたの特技は何だと思いますか？　どんな仕事で活かせそうですか？

> 例）私は「みんなで協力」「接客」「人に喜んでもらう」が特技だなあ。
> 　　だから，チームで一体となって働く，人を相手にする仕事……レストランなどの接客業や対人援助職がいいかもしれない。

得意な状況と不得意な状況を書く【ハルさんの場合】

　ハルさんが最も働きやすかった職場はドラッグストアでした。

　ドラッグストアの仕事と一口に言っても仕事内容は多岐にわたり，得意な状況もあれば不得意な状況もありました。

　仕事において，こうした詳細な状況別の得意・不得意を知っておくと，今後の働き方の参考になります。

得意な状況　　　　　　　　　　　　　　　　　　　　　　**不得意な状況**

商品知識を得るための
勉強会参加　　　　　　　　　　　　　　　　上司からひいきされ
　　　　　　　　　　　　　　　　　　　　　同期にひがまれる

品出し　　　　　　　　　　　　　　　　　　　　　同僚になじめない

○○ドラッグ

売り上げデータの管理　　　　　　　　　　　　足並みの揃わない会議で
　　　　　　　　　　　　　　　　　　　　　　げんなり

ドラッグストアの仕事

店頭での接客
特にお年寄りから　　　　　　　　　　　　　電話での接客は苦手
評判がいい

ハルさんの得意な働き方を表すキーワードは何でしょうか？

反対に不得意な働き方を表すキーワードは何でしょうか？

ワーク 得意な状況と不得意な状況を書く【あなたの場合】

　あなたが最も働きやすかった職場はどこでしたか？　仕事の中でもどんな場面が得意で
しょうか？　どんな場面が不得意でしょうか？　詳細な状況別の得意不得意を知っておくと，
今後の働き方の参考になります。不得意な状況については，第2章と第3章のワークで克服
しましょう。

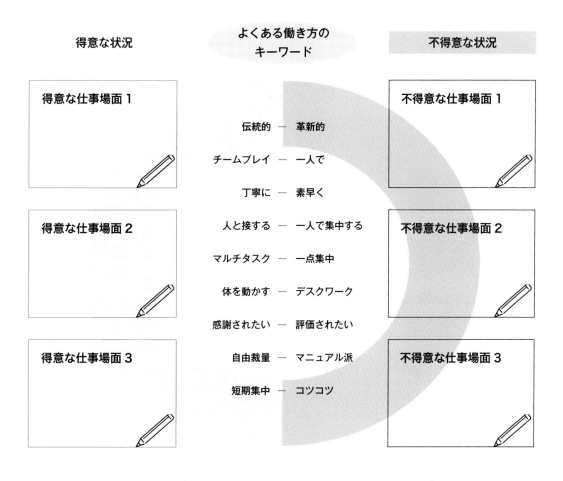

　あなたの得意な働き方を表すキーワードは何でしょうか？　上の図の「よくある働き方の
キーワード」で当てはまるキーワードも参考に考えてみましょう。

　反対に不得意な働き方を表すキーワードは何でしょうか？

会議ってほんとにつまらない

　新入社員のユキコさん（20代女性・仮名）の働く会社では会議がたくさんあります。

　ユキコさんの本音は、「正直、新人とはいえ、私にも仕事はたくさんあるのです。あんなに会議を入れられてしまうと、自分の仕事をする暇がなくなります。それに、会議ってつまらない。聞いていてもそんなに私に関係ない気がするし」というものです。

　ある日、いつものように会議の予定がありました。ユキコさんはその日、山のような仕事を抱えていました。さらに、次の日が締め切りの仕事もあって、その日ばかりは会議どころではありませんでした。ユキコさんは「私が一人いなくても、正直いって会議に支障はないはず。別にさぼっているわけではないんだし」と思って、最低限の仕事を仕上げてから、会議に遅れて参加しました。

　会議の後で、ユキコさんは上司に注意されました。「新人なのに遅れて参加するとは何事なの。先に会議室に行ってエアコンを入れたり机を並べたり、資料を準備したりするのが当たり前」。一方、口には出さないものの、ユキコさんにも言い分があります。「はっきりいって忙しくて、あんな無意味な会議に時間を使っている場合じゃないのに！　せめてもの誠意として遅れてても会議に参加したというのに。この会社のこんな体質が嫌いなんです。どうしてそこまで叱られなきゃいけないのかわかりません」

　あなたは、ユキコさんの言い分と上司の言い分とではどちらに共感しますか？　あなたがユキコさんの立場で、この先もこの職場で働いていきたいと思っているとしたら、どんなふうに振る舞うといいと思いますか？　次の点に注目しながら考えてみましょう。

　上司はユキコさんの仕事の内容や量、期限を知っていたのでしょうか？　もし上司が把握していれば、「明日締め切りの仕事を優先して」と指示したかもしれません。日頃から業務の内容と量について報告することが大切です。同様に、ユキコさんは他の職員の業務量を知っているのでしょうか？　他の職員の会議に対する思いを聞いてみると視野が広がるでしょう。現実的に「会議改革」を行える可能性はどれくらいあるでしょうか？　実際何カ月でできることなのでしょうか？　当面ユキコさんが「会議改革」の代わりに現実的にできそうなことを探すとよいでしょう。

05 人間関係や居場所を振り返ろう

事例 ミサキさん（28歳女性，仮名）

私を理解してくれる人なんていないんだ

「私っていつも一人……理解してくれる人なんていない……」

ミサキさんは，仕事や結婚など公私ともにさまざまな悩みを抱えています。先輩はバリバリ仕事をこなし，友人は結婚したばかり。頼れる人や理解してくれる人が見つけられず，孤独を感じてしまうこともあります。そんなときには，一生懸命働いたって，結局幸せになれないんじゃないかという気さえしてきます。

あなたは誰とどんな形でつながっていますか？ そしてこれからどんな関係を築いていきたいですか？ 職場での人間関係に限らず，プライベートの人間関係も仕事のパフォーマンスに影響することが知られています。自分の人間関係をもう一度見直してみましょう。

解説 　自分と人とのつながりをエコマップに描く【ミサキさんの場合】

　ミサキさんは，自分と人とのつながりを「エコマップ」と呼ばれる図に描いて視覚化しました。すると，あらためて過去・現在の人とのつながりが見えて，大切にしてくれた人，かけがえのない思い出，いつも応援してくれる人の存在に気づきました。

　ミサキさんは，エコマップを描くことで，自分の周りにいてくれる人や，これまでに力をくれた人，いつのまにか切れてしまっていた関係性などに気づくことができました。「今日はおばあちゃんに電話してみよう」。そんな気持ちとともに，少し温かい気持ちになりました。

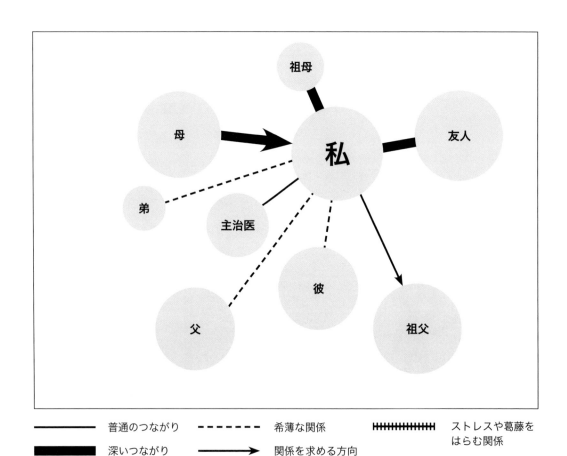

方略　関わりのある場所をエコマップで視覚化し，居場所を見つけ，
そこへの思いに気づこう

解説　関わりのある場所とそこへの思いをエコマップに描く【ミサキさんの場合】

　ミサキさんは，先ほど描いたエコマップにさらに書き足していきました。自分のよく行く
場所や居場所（自分を取り巻く環境）についても視覚化しながら整理しました。そして，そ
の場所は，自分にとってどんな場所なのかについても書き加えました。「さくら心療内科」
に行って先生に会うと安心するなあとか，近所の居酒屋「凛」は気さくな店主がいつも声を
かけてくれるので一人でも行きやすい居場所になっているなあといったことです。こうして
書き加えるなかで，ミサキさんはいろんな人や居場所を見つけることができました。

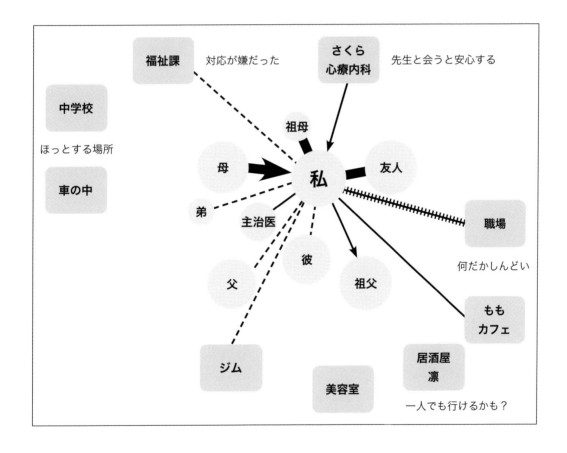

ワーク **自分と人とのつながりをエコマップに描く【あなたの場合】**

　あなたを中心として，人とのつながりを　　　　　　の中に描いてみましょう。作業のポイントは，今はつながりが途絶えている人も思い浮かんだ人からどんどん書き込んでみること。関係性を結ぶ「線」は後から書いてもかまいません（下記の選択肢を参考にしてください）。

―――――――　普通のつながり　　- - - - - - -　希薄な関係　　╫╫╫╫╫╫╫╫╫╫╫　ストレスや葛藤をはらむ関係

━━━━━━━　深いつながり　　――――――→　関係を求める方向

ワーク　**関わりのある場所とそこへの思いをエコマップに描く【あなたの場合】**

　あなたがいつも行く場所，居場所にはどんなところがあるでしょう？　ミサキさんのエコマップを参考にして，下の図に書き足してみましょう。また，それぞれの場所への思いを短い文章（例：のんびりできる，緊張する，短時間なら行けるなど）で書き込みましょう。

デスクトップがぐちゃぐちゃ

いつの間にか溜まるデジタルデータ

　社内はもちろん，他社やお客様など外部の人との関わりも多いタロウさん。メール連絡は仕事に欠かせない，大事な日課の一つです。メールにはよく資料が添付されてきます。タロウさんには直接関係ないお知らせもあるとは思うのですが，「まったく見ないのは失礼だし，後で見よう」と思って，とりあえずパソコンのデスクトップに保存するのが習慣になっていました。でも，結局読まないまま，いつ誰から送られたものなのかもわからなくなっています。気がつくとパソコンのデスクトップ画面にはアイコンがいっぱいです。毎日の仕事をするために必要な資料を探すのに手間取るようになってしまいました。

　「そろそろ整理しなきゃ……」と思うのですが，バタバタな毎日に追われて，つい後回しにしてしまいます。

　あなたのデスクトップはいかがでしょうか。タロウさんと同じで困っている人も少なくないかもしれません。必要かどうかの判断が面倒だから，今は読む暇がないから，捨てると後で困るかもしれないから，「とりあえず保存」をしていませんか？　デジタルデータは書類と違って物理的なスペースを取りませんし，すぐに保存できるので便利ですが，その分，量が多くなりやすいので仕分けや整理整頓は大変になります。

デスクトップをすっきりさせるアイデア

・保存先をデスクトップ以外の場所に設定しましょう。保存場所を決めればデスクトップが散らかることはなくなり，整理整頓の手間もなくなります。

・思い切って「デスクトップにアイコンを置かない」のもおすすめです。使うアプリケーション（アプリ）はツールバーなどに表示できます。ちり一つなくきれいにしている場所には，無造作に物を置くのに抵抗を感じ，散らかしにくいものです。

・デスクトップ整理整頓のためには，「パソコンのデスクトップは，会社の机の上と同じ」と心得ましょう。自分専用の仕事スペースではあるけれど，会社の所有物です。自分の家とは違い，他の人と共用している場所，人目につく場所と認識しましょう。

第2章

準備編

　この章では，仕事を始める場合や仕事を再開する場合に必要となる，仕事に関連する基礎的な時間管理スキルを学びます。

06 朝起きるのが苦手で，仕事に行ける自信がありません

事例 サトシさん（30代男性，仮名）

朝起きるのが苦手なサトシさん

　サトシさんは，毎日起きるのが昼すぎです。そろそろ就職をしたいと思っていますが，起きられないので，面接を受けに行くのもままならない毎日です。毎日夜12時に寝ているのですが，朝アラームが鳴ってもついつい二度寝，三度寝を繰り返してしまいます。どうしたら，朝起きられるのでしょうか。

サトシさんと似た経験はありませんか？　あなたの朝はどうですか？
自分の起床の現状を振り返ってみましょう。

私はこの1週間，だいたい平日は　　　　　　　　　　　時ごろ起きています。

 グループで

サトシさんの気持ちがわかりますか？
自分の起床についての現状を振り返ってみましょう。

26

方略 「～しなければならない」でなく「～したい」（ごほうび）で考えよう

　朝起きられないことが続いているとしたら，「朝は早く起きるべきだ」という義務感だけに頼るのではなく，「朝，起きたい」という気持ちを持てるようなごほうびを設定することをおすすめします。

ワーク 「～したい」（ごほうび）を書く【あなたの場合】

　朝起きたらこんないいことがある，ごほうびがある，というものを考えてみましょう。あなたの場合のごほうびを下に書いてください。

例)

・明日の朝食べるための美味しいパンを用意する

・夜見ようとしていたドラマを録画して朝見る

・夜夢中になりがちなゲームや SNS を朝に回す

・朝，予定どおり起きられた日にシールを貼る

解説 「～したい」（ごほうび）を書く

▶自己報酬マネジメント

　ワーク「『～したい』（ごほうび）を書く」（p.27参照）には，「自己報酬マネジメント」という技法が用いられていました。これは，義務感だけではやる気が出しづらいことに対して，ごほうびを自分で設定することでやる気を出す方法です。

でも，ごほうびなんて思いつかないし，結局自分のお金でしょう。

たしかにそのとおりですね。
では，サトシさんが今夢中なことってありますか？
それか，ついついやり過ぎていることでもいいですよ。

恥ずかしながら，ゲームです。
ついつい課金しちゃうんですよね。

わー！　それそれ！　その，ゲームがまさにごほうびですよ。それを何かやるべきことをした後のごほうびにするといいですよ。その代わり，やり遂げる前にはゲームをしないようにします。

ごほうびの設定ポイント

☑ **具体的にしましょう。**

　「ビール」よりも「あの店のあの生ビール！」のほうがよいのです。

☑ **やり遂げたらすぐにもらえるごほうびにしましょう。**

　忘れた頃にもらえるごほうびより，やり遂げたらすぐがよいのです。

☑ **ついやり過ぎてしまうものをお預けしてごほうびに変えれば一石二鳥です。**

　Twitterやネットニュースをついついチェックしてしまう人は，それをごほうびに変換してみましょう。

方略　早起きするための計画を立てよう

 ワーク　早起き作戦を考えて計画を立てる【あなたの場合】

Step1　ゴールを設定します。

何時に起きたいですか？　　　　　時　　　分	

　まずは，現状の時間より10分早いぐらいがおすすめです。

Step2　早起きのアイデアをリストアップします。

　その時間に起きるためのアイデアを多く出しましょう。アイデアを出すポイントは，自由な発想で，質より量が重要です。判断は後回しでよいのです。

　なるべく多くのアイデアを箇条書きします。思い浮かばない場合には，例の中から気に入ったものを○で囲みましょう。

例）
・目覚まし時計を2つ遠くに置く
・布団を蹴っ飛ばす
・カーテンを開けっ放しで寝る
・枕元に水と薬を置いて寝る
・漁師からのモーニングコール

　グループで

　10分間でなるべく多くのアイデアを出し合います。1つアイデアが出たら，みんなで「いいね」を言い合います。

Step3　早起き作戦の計画を立てましょう。

　早起きの方法を1つ選んで，いつ実行するか決めましょう。

あなたが選んだ早起きの方法：
実行する日：　　　月　　　日（　　　）
実行するための格言
例）「いつかする」は「一生しない」

解説 早起き作戦を立てる方法

▶問題解決技法

　ワーク「早起き作戦を考えて計画を立てる」（p.29 参照）には，「問題解決技法」という技法が用いられていました。これは，困り事に対して，いろんな解決法を多数挙げてから，そこから最適なものを選択して計画する方法です。頭の中だけでぐるぐる考えるよりも広い視野で解決策を生み出すことができます。早起きの場面以外でも，さまざまな場面で問題解決技法を活用しましょう。

▶問題解決技法の活用術

仕事が多すぎるとき	約束の時間に遅れそうなとき
例） 業務量が最近ものすごく増えました。それでも頑張るしかないと思っていました。 しかし，問題解決技法を用いて，視野を広げて考えてみると， ・上司に相談 ・誰かに手伝ってもらう ・省略できるところを探す などいろんな方法が見つかりました。 実際，まだまだ大変ですが，頑張るしかないと考えるよりは少しましになりました。	例） 電車の遅延で，先方との約束に遅れそうなとき，いったん冷静になって，問題解決技法を用いました。 これまでの私ならただ電話で「遅れます。急ぎます。すみません」と伝えるだけでしたが，どんなふうに伝えるべきかを考えてみたのです。 その結果，到着が何時になりそうか，遅れている間待っていてほしいのか，先に始めていてほしいのか，などの情報も追加することを思いつくことができました。

　ピンチのときほど視野が狭くなりがちですから，一度立ち止まって解決策を考えるとよいのです。

問題解決技法のポイント

☑ **なるべく多く，方法をリストアップします。**
　　質より量でとにかくアイデアを出します。

☑ **突飛な発想が案外いいことがあります。**
　　固定観念に縛られず，無責任に他人事だと思うと，客観的・合理的な発想ができます。

☑ **アイデア同士の組み合わせも有効です。**
　　合わせワザで効果が増します。

07　約束の日時を忘れてしまいます

事例　ヨウコさん（30代女性，仮名）

ダブルブッキングで信用をなくしたヨウコさん

　ヨウコさんは，友達と旅行に行く約束をしていました。旅行の前日になって，当日はいとこの結婚式の日だと気づきました。友達との旅行の飛行機もホテルも取りやめてもキャンセル料金がかかりますし，友達は「一人で行くなんて嫌だ」と言いましたが，いとこの結婚式に穴を空けるわけにもいかず，当日，ヨウコさんは結婚式に向かいました。こうして，友達を失ってしまいました。

ヨウコさんと似た経験はありませんか？　あなたは予定をどのように覚えていますか？
下の欄から使っているものを選んで○をつけてみましょう。

（　　）腕時計	（　　）スケジュール管理ウェブアプリケーション（例：Googleカレンダー）
（　　）スマートフォン	（　　）予定表とメールが管理できるソフトウェア（例：Microsoft Outlook）
（　　）メール	（　　）ホワイトボード
（　　）カレンダー	その他（　　　　　　　　　　　　　　　　　　　　　）
（　　）スケジュール帳	
（　　）付箋	

ワーク スケジュール管理ツール別にメリット・デメリット分析をする

　あなたにとって，スケジュール管理にはどんなツールが役に立ちそうでしょうか？ それぞれのメリット・デメリットを考えてみましょう。あなたにとってのメリット・デメリットを書き込みましょう。

▶スケジュール帳のメリット・デメリット

メリット	デメリット
例） 細かいスケジュールを把握しやすい ・ ・ ・ ・ ・	例） 開くのを忘れる／書く作業が面倒／持ち歩きが大変 ・ ・ ・ ・ ・

▶スマホアプリのメリット・デメリット

メリット	デメリット
例） いつも身につけている／タイマー機能などと連結できる ・ ・ ・ ・ ・	例） 入力を忘れる／入力作業が苦手だ／公の場で確認しにくい ・ ・ ・ ・ ・

▶ホワイトボードのメリット・デメリット

メリット	デメリット
例） 変更がしやすい／仕事環境によっては作業過程を確認しやすい／上司など他の人にもチェックしてもらえる ・ ・ ・ ・ ・	例） 他者に見られる／持ち歩きができない ・ ・ ・ ・

他にあなたが使用したいツールがあれば，そのメリットとデメリットを整理しましょう。

▶【　　　　　　　　　】のメリット・デメリット

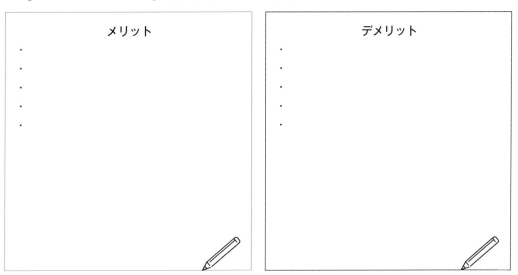

メリット	デメリット
・ ・ ・ ・ ・	・ ・ ・ ・

これらのメリット・デメリット分析を参考に，活用しやすいツールを選んでみましょう。

▶あなたが使うスケジュール管理ツール

私は　　　　　　　　　　　　　　　　を使って時間管理にチャレンジします！

スケジュール管理ツール確認タイムを設定してツールを活用しよう

 解説　スケジュール管理ツール確認タイム：ツール活用の工夫
【ヨウコさんの場合】

　ヨウコさんは，これまでは主に自分の記憶に頼ってスケジュールを管理していましたが，字を書くのは負担に感じないタイプなので，これからは「スケジュール帳」を活用することにしました。しかし，せっかく予定をスケジュール帳に書いても，それを日々確認する習慣がなければ意味がありません。スケジュール帳を開いて予定を確認する方法を考えておく（「スケジュール管理ツール確認タイム」を設定する）ことが大切です。ヨウコさんは，朝の通勤中に電車の中で開くことにしました。

ワーク　スケジュール管理ツール確認タイム：ツール活用の工夫
【あなたの場合】

　あなたが選んだツールをより活用するための工夫について考えてみましょう。

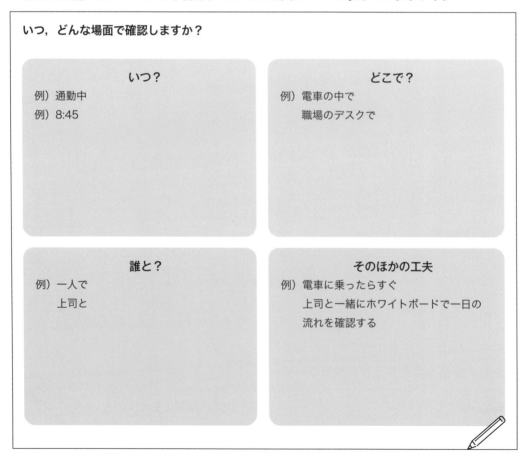

方略 ## スケジュール管理ツールとのつきあい方を知り，使いこなそう

　あなたが使うスケジュール管理ツールは決まりましたか？ 自分の生活スタイル，仕事の性質に合うものが見つかったでしょうか？ スケジュール管理ツールは，アナログでもデジタルでも，使いこなすポイントは共通しています。

スケジュール管理ツールとのつきあい方のポイント

☑ **予定は1つにまとめます。**
　とりあえず手に書く，そのへんにある紙に書く，というのではいけません。

☑ **予定が入ったらすぐに入力します（書きます）。**
　「後で」は失敗の元になります。

☑ **常に身につけます。**
　すぐに予定を入力する（書く）ためにも常に持ち歩ける大きさ，軽さ，まとまりが大切です。

▶どんなスケジュール帳がいいのか
　スケジュール帳を持ち歩きたい方にはこのようなものがおすすめです。

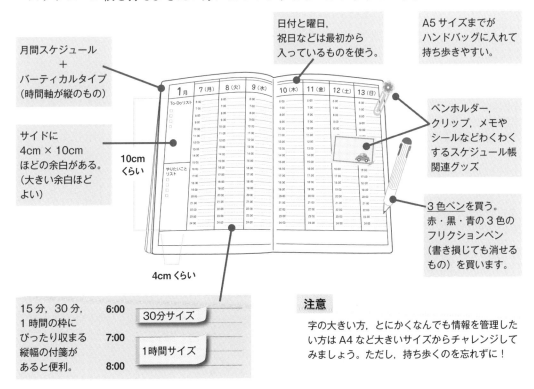

月間スケジュール＋バーティカルタイプ（時間軸が縦のもの）

サイドに4cm×10cmほどの余白がある。（大きい余白ほどよい）

10cmくらい

4cmくらい

日付と曜日，祝日などは最初から入っているものを使う。

A5サイズまでがハンドバッグに入れて持ち歩きやすい。

ペンホルダー，クリップ，メモやシールなどわくわくするスケジュール帳関連グッズ

3色ペンを買う。赤・黒・青の3色のフリクションペン（書き損じても消せるもの）を買います。

15分，30分，1時間の枠にぴったり収まる縦幅の付箋があると便利。

6:00	30分サイズ
7:00	1時間サイズ
8:00	

注意
字の大きい方，とにかくなんでも情報を管理したい方はA4など大きいサイズからチャレンジしてみましょう。ただし，持ち歩くのを忘れずに！

出典：中島美鈴，稲田尚子著『ADHDタイプの大人のための時間管理ワークブック』，星和書店，p.26-27 より．

08 朝，出勤直後からバタバタで疲れます

事例 イツキさん (20代男性，仮名)

朝，出勤直後に仕事を振られても困ります

　イツキさんは，最近，なんとか遅刻せず出勤できるようになりましたが，朝一番に入る仕事にバタバタしています。まだ寝ぼけた頭で，出勤直後から鳴り出す電話に対応します。資料は古いものと新しいものが混在していて，探すのに時間がかかってしまいます。もう勘弁してくれ！　と思います。

　イツキさんがまずは気持ちよく仕事を開始するために，どんな工夫ができるでしょうか？

方略　仕事ができる環境が整っているか考えてみよう

　イツキさんは，いつもテキパキ仕事をこなしている尊敬する上司でもある，マナミ先輩に相談してみました。

イツキさんはいつも朝ギリギリに出勤してきて，慌てた様子で朝ごはんを食べているわね。

ついギリギリまで寝てしまって，SNSとか見ていたらいつの間にか時間が経っていて，電車を一本乗り過ごしてしまうことになります。

私は始業時間より少し早めに出勤して，デスク周りの整頓をして，コーヒーを飲みながらメールチェックするようにしているのよ。

え，朝からそんな準備が必要なんですか……。どんなことを準備しておいたらいいんでしょうか？

イツキさんにとっての準備として何が必要かしら。一緒に考えてみましょう！

「仕事を始める前の準備」を考えて，実行しよう

 「仕事を始める前の準備」を書く【イツキさんの場合】

イツキさんは，仕事を始める前に準備しておいたほうがいいことを，マナミ先輩と一緒に書き出してみました。

自分自身のこと
・朝食をとる
・身なりを整える
・SNS などプライベートのやりとりを 済ませておく

働く環境
・デスクの上を片づける
・資料などを整理する
・パソコンを立ち上げておく
・スケジュールボードなどをキレイにする

そういえば，朝ギリギリに出勤して，それがなんとなく後ろめたくて，みんなへの挨拶もできなくなっていたなあ……

イツキさんは仕事を始める前の準備を実行することによって，どんな変化が期待できそうですか？ 下に書きましょう。

例）みんなに挨拶をする余裕ができそう。

 「仕事を始める前の準備」を書く【あなたの場合】

自分自身のこと
・
・
・
・

働く環境
・
・
・
・

方略　予定を確認しよう

すっきり仕事を始める環境を心がけるようになったイツキさん。

「さあ，仕事仕事……，あれ，今日は何をすればいいんだっけ？」

イツキさん落ち着いて！　予定を確認していきましょう。

流れに沿って，あなたの場合も想定してみましょう。

ワーク　予定を確認する【あなたの場合】

Step1　スケジュール管理ツールで今日の予定を確認します。

> イツキさんの例）午前中に事務作業，午後は業者との面談が入っているなあ……。

Step2　メールや付箋（メモ）による通知で新規の予定が入っていないか確認します。

> イツキさんの例）メールで打ち合わせの打診がきている！　デスクには電話メモが付箋で貼られている！

Step3　新規の予定を含めて優先順位をつけながら計画を立てて，予定の見直しをします。

> イツキさんの例）打ち合わせは午前中になら入れ込めそう。

　他の予定はなかったかな？　この優先順位でいいかな？　イツキさんは，上司であるマナミ先輩に確認してみました。

マナミ先輩，おはようございます。
今日の予定を確認させていただきたいのですが，今，お時間よろしいでしょうか？

おはようございます。大丈夫ですよ，どうぞ。

ありがとうございます。
今日の午前中は〇〇〇〇。午後は〇〇〇〇。
〇〇の件は明日対応しようと思います。

このあいだ頼んでいた△△の件はどうなっている？

そうでした！　今日の午後，業者との打ち合わせ後に対応したいと思います。

 ワーク　　**予定の報告をする【あなたの場合】**

　あなたは誰に，いつ，どのように報告しますか？

誰に　　例）直属の上司に
いつ　　例）始業後すぐの 9:00 に
どのように　例）メールで

09 仕事が多すぎてパニックです

事例 ワタルさん（30代男性，仮名）

優先順位をつけるのが苦手なワタルさん

　ワタルさんは，今日 13:00 から会議の予定が入っていて慌てています。会議とは無関係の，ある報告書の提出締め切りも抱えているのです。その報告書の提出締め切りも 13:00 なので，なんとしてでも会議の前に提出しなければなりません。

　今，時計は 12:15 を指していますが，その報告書作りがまだ終わらず，焦りは増すばかりです。

　13:00 からの会議には，外部からの出席者もいます。お茶の準備をしたり，会議室のエアコンの調整をしたり，会議資料をそれぞれの座席に置いておいたりと，セッティングもしなければなりません。

　目の前の報告書作りと，会議の準備，間に合うのでしょうか？

ワタルさんと似た経験はありませんか？　仕事の優先順位はどうやってつけていますか？

解説　優先順位をつける【ワタルさんの場合】

　ワタルさんのように，やることが多すぎてパニックになったときには，すぐにどれかに取りかかるのではなく，いったん紙に書き出してみるなどして，すべてを並べてみることが大切です。そうしてから，どれから取りかかろうかと優先順位をつけて計画を立てれば，落ち着いて，効率的に仕事をこなすことができます。

　一般的に，仕事の優先順位は「緊急度」と「重要度」に基づいてつけることが大切です。ワタルさんは以下のような To-Do リストを作りました。リストの文末の（　）には期限が書かれていますが，どれも「緊急度」が高いようで，優先順位づけが難しそうですね。

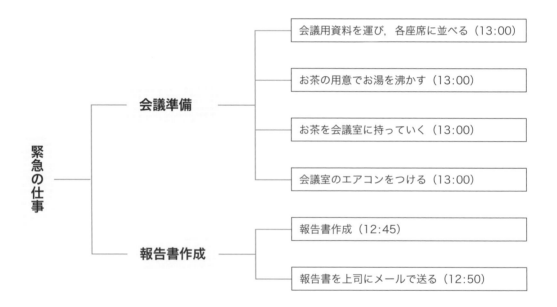

▶どれも緊急度が高い場合の優先順位づけ

　緊急の仕事が重なって優先順位づけに迷う場合は，以下のポイントに沿って行います。

緊急時にどれから手をつけるかを決めるポイント

☑️ 時間のかかるもの，かつ，自動でやってくれるものは先にします。

　　例）コピー，ウイルススキャン，レンダリング，仕事の指示など。

☑️ 同時並行作業できるものはペアにします。

　　例）移動中の新幹線で資料作成をする。駅に行くついでにポストに投函する。

ワーク 緊急度で優先順位をつける【ワタルさんの場合】

ワタルさんが13:00までに報告書提出と会議準備を終わらせるための手順を書きましょう。

12:15	
12:20	
12:30	
12:40	
12:50	
13:00	
会議スタート	

※手順はうまく書けましたか。上記のワークの解説（記入例）は、p.46にあります。

ワーク 重要度で優先順位をつける【あなたの場合】

　仕事量自体が物理的に多すぎる場合，またこれから仕事における方向性を打ち出していきたい場合，あなたが仕事で重視したい価値観（重要度ポイント）を明確にし，それに沿って仕事を取捨選択する必要があります。この仕事は捨てるとまではできなくても，仕事のメリハリはつけるべきでしょう。仕事の棚卸しをしてみましょう。

　まず，下のチェックボックスにあなたが仕事で重視したいと思うものにチェックをつけましょう。

　右の表に仕事の棚卸しをして（仕事を一覧にして）書いてみましょう。それぞれの仕事は下のどれに該当しますか？　その番号を右に記入しましょう。

番号	仕事	重要度ポイント
例	取引先A	①⑥
1		
2		
3		
4		
5		
6		
7		
8		
9		
10		
11		

仕事上の重要度を測るポイント

- ☐ ① 関係を作れる
- ☐ ② 自分が興味がある，好き
- ☐ ③ スキルアップできる
- ☐ ④ 利益につながる
- ☐ ⑤ 社会に貢献できる
- ☐ ⑥ 広告・宣伝効果がある
- ☐ ⑦ その他
　　（　　　　　　　　　　　）

解説 緊急度と重要度による優先順位の考え方

重要度：高

2 位
緊急度は低いが重要度は高い予定＝
自分にとって大切な予定

今すぐやる必要はないが，将来を見据
えたときに会社の役に立ったり，自分
を成長させたりするための予定
例）業務効率をよくする案／人材育成
／自分が尊敬する人との食事の予定

緊急度：低

1 位
緊急度も重要度も高い予定
＝会社にも自分にも大切な予定

何よりも優先して取り組むべき予定
例）顧客からのクレーム対応／会社に
重大な影響を及ぼす可能性のある急ぎ
の書類作成

緊急度：高

4 位
緊急度も重要度も低い予定
＝やってもやらなくてもいい予定

自分にとっても会社にとっても重要で
はない予定
例）つきあいで参加する飲み会／余暇
に暇つぶしすること（ゲーム，ギャ
ンブルなど）

3 位
緊急度は高いが重要度は低い予定
＝会社や他人にとっては大切な予定

自分にとっては重要ではないが，職場
にとっては重要な予定
例）自分には発言権のない会議／誰が
対応してもよい電話の対応に関する書
類作成

重要度：低

でも，実際，自分がやるべき仕事が多いんです。
優先順位１位のタスクがたくさんあって大変なんです。

　自分でやらなくてはいけない仕事のうち，「部下や周りの人に任せられる仕事」と「どう
しても自分でやらなくてはいけない重要な仕事」があるのではないでしょうか。どちらも
「自分がやるべき仕事」と捉えて抱え込んでしまい，自分を追い込む結果になってしまうこ
ともあります。

ワーク 緊急度と重要度で優先順位をつける【あなたの場合】

あなたが今抱えている仕事，やることについて優先順位をつけてみましょう。

①やることを付箋に書き出す（または To-Do リストとして下の欄にリストアップ）

> ・
> ・
> ・
> ・
> ・
> ・

②表に沿って優先順位を振り分ける（付箋を貼って振り分けてみましょう）

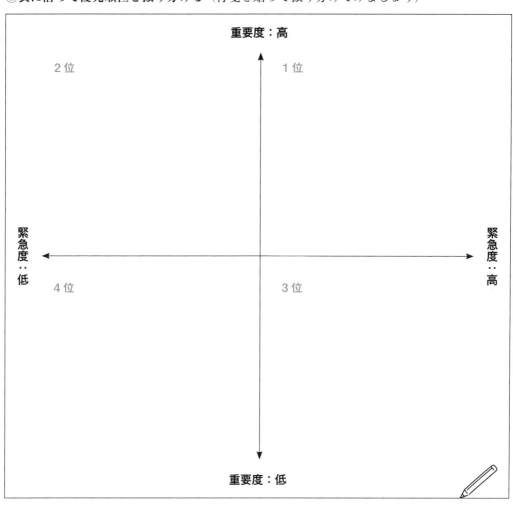

③一度上司と確認してみましょう

自分の優先順位づけにずれがないか確認してみましょう。違っていた場合には，その理由を尋ねて明らかにし，優先すべき事柄を理解し，次に活かします。それを繰り返すことで，優先順位をつけるコツがわかるようになります。上司との共通認識を持つこともできるでしょう。

 緊急度で優先順位をつける【ワタルさんの場合】

緊急度で優先順位をつけるワーク（p.43 参照）はできましたか。以下の図は，ワタルさんが 13:00 までに報告書提出と会議準備を終わらせるための手順の例です。

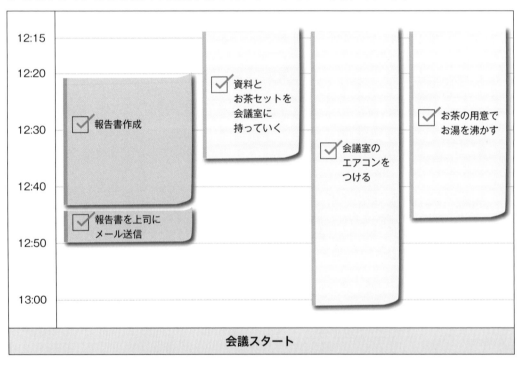

10 苦手な仕事を後回しにしてしまいます

事例 タイキさん（30代男性，仮名）

ついつい後回しにしてしまうタイキさん

　タイキさんには，どうしても苦手な仕事を後回しにしてしまう癖があります。上司が短気な人で，よく厳しい口調で叱られるのが苦痛でしようがないのです。上司を恐れ，避けるあまりに仕事のことが聞けず，結局何をしたらよいかわからないまま仕事の締め切りを過ぎてしまい，仕事を抱え込んでいます。いつ上司にバレるか怖くなって，夜も眠れません。

　タイキさんと似た経験はありませんか？ 苦手な仕事はありますか？ 後回しにするのは，どのような仕事ですか？ 後回しにする仕事には共通点があるかもしれません。

よくある後回しの理由

・やり方がわからず誰に聞けばいいかもわからない
・やり方がわからずみんな忙しそうで聞きづらい
・苦手な人とやらなければならないのでおっくうだ
・じっくり考える必要があるので苦手
・細かい数字が苦手
・自由な発想が苦手
・急かされるのが嫌

解説 &ワーク ## 後回しにしてしまう真の理由を分析する【タイキさんの場合】

まずは，後回しにしてしまう真の理由を探っていきましょう。

後回しは，多くの場合，「不安」「恐怖」が引き金になっていると考えられています。つまり，私たちは，何か不安で怖いことを一時的に避けるために後回しにしているということなのです。後回しにしないためには，いったい何を不安に思い，怖がっているのかを明らかにすることが大切です。

後回しにして避けている不安や恐怖のよくある例

・知識や経験のないことが知られてしまう恥ずかしさ
・人と対立すること
・自分のできなさに向き合ううんざり感
・相手が怒ること
・相手に迷惑をかける申し訳なさ

・相手を傷つけること
・悔しさやみじめさ
・嫉妬
・負けてしまう恐怖

タイキさんは本当はいったい何を恐れているのでしょう？

後回しにすれば，それを短期的には避けることができます。タイキさんは長期的にはどんな結果になると思いますか？

ワーク 後回しにしてしまう真の理由を分析する【あなたの場合】

　あなたが仕事を後回しにしてしまう真の理由を探っていきましょう。休職中の方は，仕事をしているときに，後回しにしがちだった仕事を思い出してください。これから仕事をしようと思っている方は，今の生活の中で後回しにしていることを思い出してください。

　今，後回しにしていることはどんなことでしょう？

> 例）業者に対して工事のやり直しを依頼すること

　本当はいったい何を恐れているのでしょう？

> 例）業者の人との対立

　後回しにすれば，それを短期的には避けることができます。長期的にはどうなるでしょう？

> 例）上司にまだ依頼していないのかと催促される

後回し癖を克服する計画の練習【タイキさんの場合】

　タイキさんは，上司からの叱責を恐れて仕事のわからないところを質問できずに，後回しにしていますが，どうしたらよいでしょう。ここでは，仕事を頼まれた時点にさかのぼって，タイキさんが後回しにせずに，すぐに取りかかれるような計画を立てるのを手伝いましょう。

後回し癖を克服するポイント

☑①いつかする，ではなく何月何日何時から何時にすると決めます。

　いつかする……では忙しさに流されてしまいます。

月　　　　日（　　　）　　　：　～　：　　　にします！

☑②難しそうな仕事でも，最初の10分でやれることを探します。

　最初の一歩のハードルを下げるとうんざり感を減らせます。

　タイキさんは上司に仕事の仕方を聞く必要があるのでしたね。いきなり聞くのは怖いかもしれません。まずはどんなタイミングで，どんなセリフで聞くか考えてみるというのはどうでしょう。最初の一歩のハードルが低ければ低いほどやる気を起こしやすくなります。あなたなら，どんな一歩目を設定しますか？　「10分以内でできること」を考えてみてください。

☑③やらざるを得ない状況を設定します。

　例えば，先に上司に「お話があるので，お時間いただけますか」と切り出しておけば，後でどんなに弱気になっても，話す機会を持たざるを得ません。

　タイキさんが上司に質問せざるを得ない状況を考えてみましょう。

☑④どうしても手に負えない場合は，早めに上司に相談します。

　一人でできることには限度があります。

ワーク 後回し癖を克服する計画を立てる【あなたの場合】

あなたが後回しにしていることについて，克服するための計画を立てましょう。

まずはここに，後回しにしていることを書きます。

後回し癖を克服するポイント

☑ ①いつかする，ではなく何月何日何時から何時にすると決めます。

|　　　　　　月　　　　　日（　　　）　　　：　　～　　：　　　にします！ |

☑ ②難しそうな仕事でも，最初の 10 分でやれることを探します。

最初の一歩のハードルが低ければ低いほどやる気を起こしやすくなります。あなたなら，どんな一歩目を設定しますか？　「10 分以内でできること」を考えてみてください。次の一歩，その次の一歩も書きましょう。

☑ ③やらざるを得ない状況を設定します。

後回し癖を克服するためには，自分が②で書いたことを確実にやらざるを得ない状況を作り出すことをおすすめします。例も参考にしてみましょう。

例）仕事の仕上がりを報告するためのアポイントメントを先に取る／相手に「何日までにする」宣言をする／高級な喫茶店で仕事を仕上げる（元を取りたくなる）

☑ ④どうしても手に負えない場合は，早めに上司に相談します。

一人でできることには限度があります。

11 ケアレスミスが多くて注意を受けます

事例 ケンタさん（27歳男性，仮名）

ケアレスミスの多いケンタさん

　ケンタさんは，入社5年目。現在配属3年目の部署にいます。

　年間を通して業務量に大きな波はなく，仕事もルーティンの多い部署です。しかし，ケンタさんは毎日のようにケアレスミスをして上司から注意を受けます。注意を受けてやり直しの作業が発生するため，ケンタさんは仕事を抱え込みやすく，時間外または休日出勤で仕事の遅れを取り戻すような生活を続けています。指示を聞く際にはメモをとりますが，仕事の手順の詳細が曖昧なまま見切り発車していることも多くあります。

　ケンタさんと似た経験はありませんか？　仕事の仕方を振り返ってみましょう。

 グループで

ケンタさんの経験がわかりますか？　自分の経験について話し合ってみましょう。

方略　ケアレスミスの要因を探そう

ワーク　ケアレスミスの要因をチェックする【あなたの場合】

ここでは，あなたがケアレスミスをする要因について考えてみます。

あなたに当てはまる項目にチェックをつけましょう。

☐ **夜更かしなどで体調管理がいまひとつだ。眠くて集中できない。**

　対策 p.57 の休憩の解説を参考にしてみましょう 。

☐ **慣れ親しんだ行程や作業工程の連続で，緊張感が緩んでいる。**

　対策 p.56 ～ 57 の注意持続訓練の解説を参考にしてみましょう。

　対策 退屈でつまらない課題を行うとき，休憩せずにどれくらいの時間集中できるのか計測しましょう。

☐ **指示内容の理解が曖昧で，「まあいいか」とやっつけている。**

　対策 正解がわからないと，ミスも特定できません。

☐ **注意がそれやすい環境にいる。**

　対策 ①スマホチェックは休憩タイムのごほうびにします。

　　　②机や作業場所にシールをリマインダーとして貼ります（シールを見るたびに「今，何をする時間だったか」と確認します）。

　　　③作業に集中することを周囲に公言します（場合によっては，デスクを離れて作業するのもよいでしょう）。

解説　注意力は限りある資源

　人が同時に注意を払える数は，7 つ前後だといわれています。気になることがいくつもあれば，目の前の課題に集中することは至難の業です。

　「気になる」という状態は，貴重な注意力を消費している証拠です。加えて，「またミスをするかもしれない」「また集中できていない」「また叱責される」などの不安が積み重なることも注意力を削ぐ要因になります。

　「注意力は限りある資源」と心得ましょう。

方略　　ケアレスミスの隠れたメリットに気づこう

 解説　　ケアレスミスの隠れたメリットを探る【ケンタさんの場合】

　ケンタさんは，上司からの指示内容が曖昧なまま作業を開始していることが多く，そのこ
とがケアレスミスにつながっていました。ケンタさんが指示を受ける段階で，上司に細かく
質問すれば曖昧さを減らせたでしょう。しかし，ケンタさんは「質問ばかりすると上司に無
能なやつだと思われてしまう」と考えてわかったふりをしていました。ケアレスミスの大き
な原因である「指示内容が曖昧なままで作業を開始すること」の隠れたメリットは，「上司
に対して恥をかかずに済む」でした。このように，何か隠れたメリット（いいこと）がある
からこそ望ましくない行動を取り続けてしまうことに気づくことが大切です。

　ワーク　　ケアレスミスの隠れたメリットを探る【あなたの場合】

　あなたの場合はどうでしょうか？　ケアレスミスの背景にある，「隠れたメリット」を探し
てみましょう。

私のケアレスミスの主な原因は……

隠れたメリットは，おそらく……

知っておきたいミスあるある

- 人は，適度な緊張感を保っていても1000回に3回は必ずミスをする。
- ミスの要因は個人に帰する（ミス＝個人の課題）とは限らない。そうでない場合も
  多い。
- 正解が変わると，ミスも変わる。指示内容に変更はないか？
- ケアレスミスの共有や記録を行うことはチームの生産性を高める可能性がある。

方略　　ケアレスミスを減らして，気分よく仕事する方法を考えよう

解説&ワーク　ケアレスミスを減らして，気分よく仕事する方法

　ケンタさんは，ケアレスミスの要因分析を進めた結果，仕事に慣れて緊張感が緩んだとき，特に昼食後の2時間にミスが頻発していることに気づきました。自分も周りも気分よく仕事するための方法を一緒に考えてみましょう。

ケアレスミス克服のポイント

☑ ①自分の集中できる時間を把握しましょう。

　やりたくない課題や退屈な課題は，注意力が持続する時間で区切りましょう。すなわち「注意持続細切れ作戦」です。ケンタさんの場合は昼食後の2時間が「ミス頻発タイム」でした。

☑ ②ミスのない人はいません。ミスを前提に作業しましょう。

　ケンタさんはケアレスミスが多いことで，いつも自分を責めていました。そもそもケンタさんのミスの多くは「確認が不十分」という類のものでした。ケンタさんは目視で確認してはいましたが，それだけではミスは防げないのだと思い，よく指摘を受ける項目を明文化してリストにしました。書類はプリントアウトして，指差し確認や音読をすることにしました。他に思いつく手立てを一緒に考えてみましょう。

☑ ③指示内容が曖昧なものは明確にしましょう。

　「これお願いね」「あと，よろしく」は，ケンタさんの職場でよくあるフレーズです。そのたびに「承知しました」と返事しますが，いざ取りかかるとなると「何を，どのように」「いつまでに」など，不明瞭なことがたくさんあることが多いのです。不明なことは曖昧なままにせず，きちんと尋ねて確認しましょう。

☑ ④注意のそれやすい環境をチェンジしましょう。

　仕事に必要なものを最低限配置したデスク周りにして，集中力をアップさせましょう。あなたの集中力アップに貢献しそうな環境は何か考えてみましょう。

☑ ⑤作業のゴールをイメージして計画を立てましょう。

　あなたの作業で，ゴールに向かうための道すじは明確になっていますか。まずはどこに向かうのか，その際にどんな手段をとるのか……経験者しか知らないコツや正攻法があるかもしれません。わからないことは臆せず質問し，計画を立てて作業を進めましょう。

ケアレスミスを減らすために注意持続訓練をしよう

 解説 **注意持続訓練**

　退屈な課題を行っているときに，他の考えが頭の中に浮かんできて注意がそれることは誰でもあることです。頭の中に浮かんできたことが，魅力的に思えるものです。「本当に重要なことなのか，ただ魅力的に感じただけなのか？」は，大切なポイントです。さらに，自分の集中できる時間を知っておくことも大切です。どんな大きな仕事でも，その単位で区切りながら取り組むことで，集中力を切らさずに済みます。つまり，自分の集中できる単位で細かく課題を分ければケアレスミスを防ぐことができるのです。ここでは，クラスケら（Craske et al., 1992）が開発した全般性不安障害に対する治療法を，サフレンら（Safren et al., 2017）がADHDに応用した注意持続訓練をご紹介します。

注意持続訓練の手順

①まず自分が集中できる時間を決めましょう。

　好きな活動／苦手な活動ごとに決めてみましょう。

　例えば5分なら，その5分で達成可能な課題の量を用意します（くれぐれも多すぎず，等身大の自分がこなせると思える量にし，過大に見積もらないようにしましょう）。課題達成後にはごほうびを用意します。

②自分のそばにノートを置いて，決めた時間にタイマーが鳴るようにセットします。

③課題を始めます。

④課題とは関係ないことが頭の中に浮かんできたら，それをノートに書きます。

　例えば，「○○さんに電話をかけないといけない」「○○の掃除をしたらすっきりするだろうな……」「あ！　あの支払いを忘れていた」などです。頭に浮かんできたのが魅力的なことだったら，課題を終えた後のごほうびにしてもよいでしょう。

⑤課題に戻って，タイマーが鳴るまで，その課題をします。

⑥タイマーが鳴ったら，休憩タイムをとります。

　休憩タイムは何分か，どう過ごすかも考えておくとよいでしょう。

⑦やるべき課題が終わったら，記入したノートを確認しましょう。

⑧頭の中に浮かんだことが本当に重要なことなのであれば，実行するか，To-Doリストに追加しましょう。

　その内容が，「本当に重要なことか，ただ魅力的に感じただけなのか」を考えましょう。

注意持続訓練のポイント

あなたにぴったりな場所を探しましょう。注意がそれることなく課題を行えるあなたが主役の場所を探してみましょう。

課題の小分けの方法については，のちほど詳しくご紹介します（p.63 参照）。

方略　　ケアレスミスを減らすために休憩をとろう

解説　休憩の意味

休憩にはどのような意味があるか考えてみましょう。

例えば，毎日届く大量のメール，溜まる書類，緊急案件は山積み……「少しでも早く対処しなければ」と焦っているとき，「休憩をとろう」なんて考えもしないのではないでしょうか。しかしそんなときこそ，目先の短期的な利益を放り出し，長期的な利益のある活動を取り入れることがより優先されるときです。デスクにかじりついていても，慢性疲労から仕事の効率は低下するばかりです。これでは早晩燃え尽きてしまいます。

・**完全にスイッチを切りましょう。**

　ボーっと過ごすことが最も効果的です（次ページの「大人の休憩5選」も参考にしましょう）。

・**短い休憩を早めにとりましょう。**

　頻繁な休憩は効果的です（数分でも OK です）。休憩の回数が少ないと，1回の休憩に長い時間をかける必要があります。

・**デスクワーク（坐位姿勢）と立位姿勢の作業を組み合わせましょう。**

　社内の移動は運動タイムです。積極的に身体を動かしましょう。

文献：Craske, M. G., Barlow, D. H., & O'Leary, T. A. (1992). Mastery of your Anxiety and Worry. Harcourt Brace & Company.
　　　Safren, S. A., Aprich, S. E., Periman, C. A., & Otto, M. W. (2017). Mastering Your Adult ADHD：A Cognitive-Behavioral Treatment Program：Client Workbook. Oxford Univ Pr.

大人の休憩5選

①デジタルデトックス（スマートフォンなどデジタル機器の使用を控えること）をしましょう。

②梅干しやレモンに含まれるクエン酸の力で疲労感を一掃しましょう。クエン酸入りの飴や飲料をコンビニへ買いに行けば目も覚めるでしょう。

③目薬とアイマスクでセルフケアしましょう。

④1分間の深呼吸をしましょう。

⑤1杯の水が身体を救います。水分補給は喉の渇きがないうちにするとよいでしょう。

 休憩について考える【あなたの場合】

あなたとってのベストな休憩方法を時間帯で書き出しましょう。奇想天外な方法でも OK です。

出勤〜午前	昼食〜15時	15時〜17時以降

12 なかなか重い腰が上がりません

事例 タカオさん（30代男性，仮名）

頭ではわかっているのですが，なかなか取りかかれません

　タカオさんは，「頭ではわかっているんですが……」が口癖です。すぐに終えることのできる活動や飛び込み営業は得意なのですが，中長期的な取り組みを求められる課題（プロジェクト）やいくつもの段取りを踏む作業は苦手で，それらの作業にはなかなか取りかかれません。「頭ではわかっている」と言いながら，今日も取りかかれずじまいでした。

　タカオさんと似た経験はありませんか？　苦手な仕事はありますか？　頭ではわかっているけれど，動けない……。あなたの場合にはどんな課題（プロジェクト）が思い浮かびますか？

解説 やる気スイッチを知る【タカオさんの場合】

　タカオさんは新人研修の担当を任され，「最初の一歩」を踏み出す方法についてレクチャーすることになりました。飛び込み営業の実績を評価されての抜擢でした。タカオさんは，これを機に自分のことを振り返りました。そして気づきました。「すぐに結果のわかることなら，俄然やる気が満ちてくる！ やる気がないわけじゃないんだ！」

 ワーク やる気スイッチの特性をチェックする【あなたの場合】

　タカオさんには，以下のようなやる気スイッチの特性があるようです。あなたには当てはまるでしょうか？ チェックしてみましょう。

☐	すぐに結果の出ないことにはやる気が出ない。
☐	新しいことには興味を持つが，同じことの繰り返しにはやる気が出ない。
☐	してはだめなことにも我慢が利きにくい。
☐	義務だから，社会人だからという理由づけではどうしてもやる気が続かない。

 誰よりも早く動き出せる仕事もある！

方略　**後回しにつながる思考の癖に気づこう**

解説　後回しにつながる思考の癖【タカオさんの場合】

　タカオさんは，「すぐに結果の出ること」「新しいこと」に俄然張り切り，「結果の見えにくいこと」「同じ手順の繰り返し」には気力が減退する特性がありましたね。

　タカオさんはこれまでのことを振り返るうちに，「後回し」につながる思考の癖があることに気づきました。

> 仕事は，しっかり，完璧にしなければ意味がない！
> 成果を出さなければ，取り組む意味がない！

> タカオさん，そんなに自分を追い詰めないで。
> メジャーリーガーは３割打てればスターですよ。

やる気スイッチ ON のために

・今日中にやることを決め，まず動いてみる　──▶　「いつかする」は「一生しない」

・何事にも My 締め切りを作ってみる　──▶　傑作は，締め切りから生まれる

・適度な睡眠，栄養，適度な運動を大切にする　──▶　身体は資本，健康は最大の財産

ワーク　後回しにつながる思考の癖を振り返る【あなたの場合】

　あなたの後回しにつながる思考の癖を振り返ってみましょう。いつもどんな思考になっているでしょうか。するとどんな結果になっているか，その結果の影響はどんなものか，書きましょう。また，いつもの思考を変えて，後回しにしないための新しい思考をしてみましょう。そうしたら予想される結果，その結果の影響も考えて下の欄に書いてみましょう。

いつもの思考	どんな結果か	結果の影響

新しい思考	予想される結果	結果の影響

13 最初の一歩を踏み出せません

事例 タカオさん（つづき）

後回しの原因はわかったが，どうしても最初の一歩はおっくう……

　同僚とのランチ中にタカオさんは，後回し癖を克服するための相談をしました。すると，同僚が「プロジェクトに必要なタスクを，箇条書きで思いつくだけ書き出してはどうかな？」とアドバイスをくれました。タカオさんは面倒だと思いつつ，その場でスケジュール帳を開いて書き始めました。そして，日替わりランチが出てくる頃にはタスクがずらりと並びました。不思議なことに，書き終わる頃には「なんかできそう，案外簡単かも……」と思えていました。

　同僚はこんなアドバイスもくれました。

・各タスクにかかる時間を見積もり，すぐ数字で（具体的に）表現する

・人と会う予定，締め切りのある予定を優先する

・小さい仕事に分解すると，最初の一歩が見える

　その後，タカオさんは書き出したタスクをもとに，上司に新人研修の資料作成について相談しました。タカオさんのことをよく知る上司は，「やる気の出ない課題こそ，細分化のテクニックが生きてくるよ。例えば，資料作成を量（スライド○枚分），時間（15分だけ取りかかる），エリア（表紙スライドだけ作る）で区切り，取りかかりやすい方法を選んではどうかな」と教えてくれました。

方略　**やるべきことを箇条書きにしよう**

　後回しにしていることのタスクを箇条書きにする【あなたの場合】

今，思い浮かぶ「後回しにしていること」はありますか？

それを実行するための最初の一歩として箇条書きでタスクを書き出してみましょう。

後回しにしていること【　　　　　　　　　　　　　　　　　　　　　　　　　　　　】
☐　　　　　　　☐　　　　　　　☐
☐　　　　　　　☐　　　　　　　☐
☐　　　　　　　☐　　　　　　　☐

スモールステップに分けよう（量・時間・エリアで分けてみよう）

 スモールステップに分ける【あなたの場合】

　ここでは，やる気スイッチを ON にするために，課題をスモールステップに分けていきます。ワーク「後回しにしていることのタスクを箇条書きにする」（p.62 参照）で書き出した後回しにしていることを「量・時間・エリア」で見直し，以下のフォームで整理してみましょう。

スモールステップ作成の手順

①締め切り日の確認をします。

②やるべきことを To-Do リスト化（1 項目 = 1 アクション）します。

③ To-Do リストの所要時間を見積もり，各項目の実行日を決めます。

　※予定変更に対応した，プラン B もあるとなおよいです。

④各項目を終えた後のごほうびを設定しましょう。

⑤結果を振り返ります。

　To-Do リストのうち，何個達成できたでしょうか。

後回しにしていること

①	月	日　締め切り

② To-Do リスト	③実行日	④ごほうび
	月　　　日	
	月　　　日	
	月　　　日	
	月　　　日	
	月　　　日	
	月　　　日	
	月　　　日	
	月　　　日	

⑤ 達成！　できた □ 個 ／ To-Do □ 個　達成日　　月　　　日

14 時間の見積もりが苦手で，計画が立てられません

事例 リュウさん（20代男性，仮名）

計画を立てることが苦手なリュウさん

　学生の頃から計画が苦手だったリュウさん。宿題もレポートも，本当は余裕を持ってやりたいのに，いつもぎりぎりになって周りに助けてもらうこともしばしば……。社会人になってからもその癖は直らず，上司から「もうちょっと計画的に……」と苦言を呈されています。でも，せっかく計画を立てても急な仕事が入って変更になることも多いので，正直，計画を立てる意味を感じられません。

リュウさんと似た経験はありませんか？

 グループで

リュウさんの気持ちがわかりますか？　計画を立てることに関する，これまでのエピソードや現状を話し合ってみましょう。

| 方略 | **ルーティン化して迷わずに動けるようにしよう** |

解説　ルーティン化は仕事も時間管理も楽にする

　仕事量を把握するための第一歩として，ルーティンの洗い出しをしてみましょう。仕事全体に占めるルーティンの割合が多いほど，計画は簡単にできるようになります。また，日々の業務をなるべくルーティン化すると，「何をすればいいんだっけ？」と迷うことが少なくなり，スムーズに仕事に取り組むことができます。

Q1　ルーティンの書き方がいまひとつわかりません。細かく書き出すときりがないし……。リストに入れる基準は何ですか？

A　例えば「会議の準備」みたいにざっくりした書き方でも，うまくできていればOKです。つい忘れがちな仕事は「1つの動作（ワンアクション）」で区切って「会議室を予約する」「参加者に日時をメールする」「資料を印刷する」といったように書くとよいでしょう。

Q2　突発的なトラブルとか問い合わせとか，自分で予定が立てられない仕事が結構あるんです。経験がない仕事はそもそも予想がつかないし，どうしたらいいのでしょうか？

A　どんな仕事をしたか記録をとって，その仕事が入る頻度や，どれくらい時間がかかるのか（タイムログをとる），データをもとに予測を立てていきましょう。

見通しの立たない仕事をルーティン化するコツ

☑ 初めての仕事は，「まず自分でやってみる→相談する」をルーティンにしましょう。
　要領を得ないうちはミスが多かったり，遠回りなやり方をしていたりするものです。一人でやろうとするよりも，詳しい人に聞くのが一番確実です。相談することで，周囲に「大変なんだな」とわかってもらえることにもつながります。

☑ 「ひととおりできるまで」ではなく，時間で区切りましょう。
　「ひととおりできたらゴール」と思いがちですが，どこがゴールかわからない仕事もあります。頑張れば頑張るほど，いつまでも終わらない……ということもあります。時間のリミットを決めましょう。

第2章　準備編

方略 ▶ **ルーティンを洗い出して，仕事量を把握しよう**

解説 仕事量を把握する（ルーティンの洗い出し）

　時間の見積もりがうまくいかない理由の一つは，仕事量の全体をつかめていないことです。初めに，必ずやらなくてはならないと決まっている仕事を把握しましょう。

ワーク 仕事量を把握する（ルーティンの洗い出し）【あなたの場合】

　初めに，必ずやらなくてはならないと決まっている仕事を把握しましょう。
　自分が担当する仕事や，職場の中で自分に割り振られた役割を書き出しましょう。

あなたのルーティンリスト

ルーティンの例
・毎日：メールチェック，電話，書類作成，日々の仕事に関する小さな打ち合わせなど
・毎週：チームミーティング，資料整理など
・毎月：毎月の会議，在庫管理，データの集計，顧客への定期的な連絡や訪問など

毎日

毎週

毎月

週間予定の決まっている方は，このフォーマットで書いてみましょう。

ルーティンに要している時間と空き時間がひと目でわかります。

	月	火	水	木	金
8:00					
9:00					
10:00					
11:00					
12:00					
13:00					
14:00					
15:00					
16:00					
17:00					
18:00					

第2章　準備編

解説　　仕事の所要時間を実測する【リュウさんの場合】

　タイムログとは，何にどのくらい時間がかかるのか，実際に時間を計ってみることです。「○日もあればできる」と思っていても，実際はもっと多くの時間がかかっているかもしれません。実測値に基づいて計画を立てましょう。

Step1　１週間の予定表にルーティンや To-Do を書き，実際にしたことを赤ペンで記録します。To-Do リストにない仕事が入ったときは，その仕事も赤ペンでリストに書き加えて，かかった時間を記録します。

　リュウさんの仕事は書類作成などのデスクワークが中心ですが，社内での打ち合わせや会議の運営，外回りなども幅広く担当しています。スケジュール表には，他の人が関わっていてはっきり予定が決まっている仕事を書き込みました。

	月	火	水	木	金
9:00					
10:00	電話対応		ミーティング	~~会議の準備~~	外回り
11:00		打ち合わせ		会議の準備	
12:00		昼休み			
13:00		外回り		会議	
14:00			来客		
15:00	打ち合わせ				
16:00			打ち合わせ		
17:00			資料差し替え		

※上の図では赤ペンの箇所を青字で示してあります。

Step2　実測結果と対策をリストアップして，計画に役立てます。

予想より時間がかかった仕事や，予定になく急に入った仕事	次に活かせることは？
例） ・会議の内容が変更になって，急きょ資料の変更に追われた（2時間） ・急な電話問い合わせに対応した（1時間） ・電話応対がたびたびあり，デスクワークがはかどりにくい	例） ・突発的に時間をとられるから，デスクワークは空き時間になるべく片づけておく。 ・どうしても集中したいときは電話応対を他の人に頼むか，リーダーに相談して空いている部屋を使わせてもらう。

ワーク 仕事の所要時間を実測する【あなたの場合】

例を参考にして（p.68 参照），予定を立て，実際どうだったかを赤ペンで記録しましょう。

Step1 これから1週間の予定表にルーティンや To-Do を書き，実際にしたことを赤ペンで記録します。To-Do リストにない仕事が入ったときは，その仕事も赤ペンでリストに書き加えて，かかった時間を記録します。

「毎日がバタバタ」という人は，まずは1日から記録をしてみましょう。

「ルーティンはだいたいこなせるけれど，忙しくなると困る」という人は，
1週間にチャレンジしましょう。

	月	火	水	木	金
8:00					
9:00					
10:00					
11:00					
12:00					
13:00					
14:00					
15:00					
16:00					
17:00					
18:00					

Step2 実測結果と対策をリストアップして，計画に役立てます。

予想より時間がかかった仕事や，予定になく急に入った仕事のリスト	▶	次に活かせることは？

15 机の上が散らかっていて，いろいろ埋もれています

事例 マサルさん（30歳男性，仮名）

誰か助けて！ デスク周りが散らかり放題

　社内で有名なほど，マサルさんのデスク周りは混沌としています。作業スペースはキーボードの周りに少しだけという状態です。足元は私物の詰まった段ボールで窮屈です。デスクにうずたかく積まれた書類の山は今にも崩壊寸前で，こんな状態では隣の席の人にまで迷惑をかけていると思うのですが，今日も片づけられないまま，営業先回りに出かけていきます。大きなカバンはパンパンで重くてたまりません。

整理整頓も仕事のうち，とよく言われますが……。
あなたは，マサルさんと似たような経験はありませんか？

マサルさんは，理想とするデスク周りを書き出してみました。想像するだけで気分がすっきりしました。それを実現できれば，仕事がしやすくなるだけでなく，周りからの評価も上がるでしょう。2週間後に人事考課面接を控えたマサルさんは，重い腰を上げることにしました。

ワーク　**デスク周りの現実と理想を書く【あなたの場合】**

　デスク周りの環境が仕事の能率に直結するといわれています。

　あなたのデスクの状態を書き出し，現状を把握して，次に「理想のデスク周り」を書き出してみましょう。

現実	**理想：こうなりたい！**
例）	例）
キーボードの周り以外に隙間のないデスク／書類を広げるスペースがなくて，椅子の上で書類に押印する。	デスクの上に無駄な物がなく，拭き掃除されていてピカっとしている。当然，書類も広げられる。

方略 理想のデスク周りにする手順を考えよう

解説 理想のデスク周りにする計画

【基本】整理＝処分すること，整頓＝取り出しやすく配置すること

- 書類の仕分けは，「作業中のもの」「回覧中のもの」のみにします。一時保管ボックスは溜まったままになるので要注意です。
- 文具は定数制にします。1つ購入するときには，1つ処分することが大切です。

「デスク周りが散らかり放題」克服のポイント

① 「いつするか」と「ゴールのイメージ」を考えましょう。

例）いつ→始業時間前の 30 分を確保する。片づけに 15 分，ブレイクタイムを 10 分取る。

「一度に片づけようとしない」も大切なポイントです。

例）ゴールのイメージを思い描く→「机の上には必要な書類だけ」「回覧書類専用スペースをつくる」「使ったら元に戻す」など。

② 「いる・いらない・判断できない」のルールづくりをしましょう。

- いるもの……手がけている仕事に関する書類，毎日使う文具類。
- いらないもの……壊れている文具，明らかに古すぎる書類。
- 判断できないもの（1）……「いつか使うかも」という場合は，保管期限を設定します。
- 判断できないもの（2）……職場の共有書類は，部署内に1つあれば十分です。

※社内の書類で分類に迷ったとき，尋ねられる人を見つけておくのもよいでしょう。

③ ステップを確認しましょう。

- 一つひとつ判断せず，「いったんすべて外に出す」がポイントです。

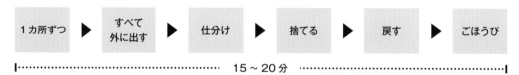

1カ所ずつ ▶ すべて外に出す ▶ 仕分け ▶ 捨てる ▶ 戻す ▶ ごほうび

15〜20分

 ワーク 理想のデスク周りにする第一歩【あなたの場合】

あなたはどの1カ所から手をつけますか？

□ 鉛筆立て	□ 引き出し1カ所	□
□	□	□

16 机の上を片づけても リバウンドしてしまいます

事例 マサルさん（つづき）

　マサルさんは，周囲の手助けを得ながらデスク周辺の片づけを進めていきました。作業スペースの確保は，社内での居心地をアップさせました。探しものをする時間も各段に減りました。気づけば，物の量は半分ほどに減少していました。周囲の評判も上々でした。ただ，マサルさんは片づけをしても1カ月後にはまた元のように散らかってしまう（リバウンドする）のが常でした。さて，リバウンドしないためにはどうすればいいでしょう？

これまでの人生で，整理整頓に際して役立った自分なりのルールなどはありますか？

方略 　片づけMyルールを見つけよう

 ワーク 片づけMyルールを見つける【あなたの場合】

　片づけのリバウンドを防ぐには，日頃から片づける習慣を持つことが必要です。しかしながら，職場環境によって整理整頓をめぐる環境も大きく異なります。共通するポイントは，「どのように」と同時に「いつするか」を設定することです。

　Myルールの中に「いつ」を織り込み，整理整頓が持続する工夫を見つけましょう。

片づけしやすいタイミング	片づけ My ルール
・始業前（朝イチ） ・昼休み前の5分 ・午後始業前 ・ ・ ・	・毎日5分整頓する ・使ったら元に戻す ・物の定位置を先に決める ・ ・ ・

実際に片づけてスッキリを味わう【あなたの場合】

Step1 片づけの目的を再確認しましょう。

・時間を節約したい　　　　　・その他 ・集中力をアップさせたい ・心に余裕が欲しい

Step2 片づけの作業手順をおさらいしましょう。

・物の配置を想定，書き出しましょう（この段階では理想をイメージすることが必要です）

・「判断できないもの入れ」ボックス（大きな紙袋1枚か段ボール1つ）を準備しましょう。

・すべてを机の上に出し，いるもの，いらないもの，判断できないものと仕分けしましょう。

　　→引き出し「1つ」1カ所ずつ始めて，完了と成功を味わいましょう。

　　→作業中に「私は片づけている，私は片づけている」と声に出すのも効果的です。

・判断できないものの片づけは，一人で考えるより，周囲にヘルプを頼みましょう。

・物の量を固定しましょう（会社で使うものに，ストックはいりません）。

　　→片づけ作業が終わる頃には，自分の「適量」が見えてきます。

　　→「いつか使う」「もったいない」には，1カ月～3カ月の保管期限を設けましょう。

Step3 片づけ計画を立てましょう。

To-Do リスト	実行日	ごほうび
	月　日	
	月　日	
	月　日	
	月　日	
	月　日	
	月　日	

計画日　　　　月　　　日

Step4 実際に動きましょう。

実行開始日　　月　　　日

片づけ計画 成功のポイント

・完璧を目指さないこと。まずは，30％完遂することを目指しましょう。

・片づけで心の余裕をアップさせましょう。

・職場の片づけ上手からワザを盗みましょう。

第3章

実践編

　この章は，準備編の時間管理スキルを習得した方が，さらなるスキルアップを目指すためのものです。

　時間内に仕事を終わらせる方法や，いくつもの中長期的なプロジェクトの計画を立てる方法について学びます。

17 次々に仕事が入ってきてパニックです

事例 ヨシユキさん （20代男性，仮名）

急に仕事が入ってきてパニックのヨシユキさん

　ヨシユキさんは，不動産会社で熱心に働いています。自分なりに計画をして仕事に
打ち込んでいるときに限って，電話が鳴ったり，窓口にお客さんが来たりして，たび
たび仕事が中断されます。そのたびにイライラするだけでなく，元々していた仕事に
なかなか戻れず，とても効率が悪いんです。

ヨシユキさんと似た経験はありませんか？　仕事が中断されてもすぐ元に戻れますか？
仕事が中断された後，元に戻るためにしている工夫はありますか？

 グループで

ヨシユキさんと似た経験がありますか？　ヨシユキさんはなぜ中断されると仕事に戻り
にくいのでしょう。元に戻るためにしている工夫について話し合いましょう。

方略 **優先順位によって柔軟にTo-Doリストを変更しよう**

ワーク **To-Doリストを変更する【ヨシユキさんの場合】**

　突然入ってくる優先順位の高い仕事は，それまでの計画を中断するだけでなく，To-Do リスト全体を変更する必要も出てくるので，大変です。ヨシユキさんのような接客業，取引先の都合による変更が多い職業，ラインでの流れ作業で他の人の影響を受けやすい職業などでは，To-Do リストの変更は日常茶飯事です。次のような心構えをもって，To-Do リストを変更する練習をしてみましょう。

変更の心構え

・計画の変更は想定内。
・仕事に変更はつきもの。

　ヨシユキさんの To-Do リストを変更してみましょう。右に書き込みましょう。

Before		After
・顧客へ物件情報提供（本日） ・社内の備品の発注（明日） ・名刺の整理（1 カ月後）	**新たな To-Do** **ホームページの** **更新（3 日後）** ━━━━━▶ To-Do リストの変更	・ ・ ・ ・

※リストの（　）内は仕事の期限です。

仕事を中断しても元に戻る方法【あなたの場合】

Step1　中断の多い場面を特定します。

　あなたが仕事を中断されることの多い場面を思い出してください。

　電話ですか？　来客ですか？　同僚からの質問ですか？　どんな仕事をしている最中だと元に戻りにくいですか？

> 例）パソコンで Excel（表計算ソフトウェア）入力中に電話が鳴る
>
>

Step2　元の仕事に戻るアイデアを出します。

　Step1 で書き出した場面で，仕事を中断されるのを防ぐアイデアか，中断された後に元に戻るアイデアをなるべくたくさん考えてみましょう。

　なるべく多くのアイデアを箇条書きします。思い浮かばない場合には，このページの下の「仕事に戻るアイデアの例」の中に気に入ったアイデアがあれば○で囲みます。

> 例）電話が鳴ったら，パソコン画面の入力カーソル部分に付箋を貼って，受話器を取る
>
>

 グループで

> 10 分間でなるべく多くのアイデアを出し合います。1 つアイデアが出たら，みんなで「いいね」を言い合います。

　集中したいときは周りに「急いでいます」宣言をしておくとよいでしょう。

仕事に戻るアイデアの例

・資料を広げたままにしておく　　・進行中の箇所に指を挟む

・周囲の人に言い残す　　・受付から遠い席に替えてもらう　　・電話に出るのを当番制にする

・電話中に進行中の箇所にペンを挟む　　・手にマジックで書いておく

・ホワイトボードに To-Do リストを書いて，進行中のタスクにマグネットを置く

・「これが終わったら○○」と口でモゴモゴ言い続けて中断された用事をこなす

18 急いでいるのに仕事が遅く，時間が足りません

事例 ルナさん（20代女性，仮名）

仕事が遅いと指摘されるルナさん

　ルナさんは，事務職員として会社に勤務し，仕事に熱心に取り組んでいます。しかし，同期の社員と比較すると仕事のスピードが遅く，残業になりがちで，いつも時間が足りないと感じています。効率よく仕事をこなそうと頑張っていて，先輩から引き継いだ仕事はExcelで自動計算シートを作って，正確に計算できるようにしました。それなのに，上司からも，「急いで！」とよく叱られています。どうしたらいいのでしょう。

方略 **重要度のズレに気づこう**

解説 **重要度のズレを探る【ルナさんの場合】**

　ルナさんは自分なりに素晴らしい工夫をし，正確さを極めていました。しかしそれでもスピードは遅く，せっかくの工夫も，良い評価に結びつきませんでした。ルナさんの職場では，正確さもさることながら，スピードも重視されていました。また，その仕事を次の後輩に引き継ぐ際のわかりやすさも重要とされていました。このように，自分の重要度と職場における重要度は違うことがあります。自己流の手順を思いついたときには，上司に相談して重要度を確認することをお勧めします。

ワーク **重要度のズレを探る【あなたの場合】**

　自分が重要だと思うことと，職場における重要度にズレはありそうですか？ 上司に尋ねたり，評価されている人や場合を見たりして探ってみましょう。自分が重要だと思っている程度に○を，職場で重視されている程度に△をつけましょう。

重視されることの多い事項		
	重視していない	重視している
期限厳守	←――――――――→	
利益	←――――――――→	
正確さ	←――――――――→	
社会貢献	←――――――――→	
簡単さ	←――――――――→	
他の職員にも伝達可能	←――――――――→	
安全性	←――――――――→	
仕事が増えないこと	←――――――――→	
相手への印象	←――――――――→	
オリジナリティ	←――――――――→	

方略 　**自己流の罠に気づこう**

解説 　自己流の罠

　仕事の進め方について，自分の好きなやり方で進めるほうが，気分もいいし，効率がいいこともあります。「こんなやり方おかしい」「効率的じゃない」「後輩のためにももっとわかりやすい資料を残すべきだ」という問題意識は，職場を改善するための良い意見です。しかし，急ぎの仕事や，共働，スムーズな引き継ぎにおいては，問題である場合もあるのです。

> うちの会社，今どき，顧客名簿管理が紙ベースで……必要なデータを探すのが大変です。だからずっと前から会社にデータベース化しましょうって言っているのに……全然話が進まないんです。会社のためを思っているのに。

> たしかに，大変そうですね。どうして会社はデータベース化の話を進めてくれないのでしょうか？

> 紙の名簿からデータをパソコンに入力する暇がないんです。そうやってシステムが変わると，パソコンの使い方がわからないっていう職員も多いみたいです。会社側もお金がかかるから嫌がっているのかもしれません。

> ずいぶん障壁が多いようですね。会社全体で効率のいいやり方がなかなか進まないからこそ，自分で Excel シートを作って頑張っていたのでしたね。

> でもそういう頑張りって，なかなか評価されないんですよね。自己満足になっちゃう。頑張り方って考えなくてはいけないなあ。

自己流 vs. 従来流

☑ 自己流もいいけれど，職場で求められているものと合致しているか確認してみましょう。

☑ どうしても自己流を貫きたい場合には，覚悟を決めましょう。

　評価してもらえなくても，長時間労働でも，自分が OK ならよしとしましょう。ただし時間と体力は有限です。

☑ だまされたと思って従来流をやってみましょう。

　意外と従来流（従来どおりの方法）の悪くない側面も見えてくるかもしれません。「仕事だから」と割り切ってもよいでしょう。

一定時間内に完成させる計画を立てよう

 一定時間内に完成させる計画を立てる練習

Step1 所要時間とゴール（仕事の完了）のイメージを設定します。

ここでは簡単な例として，「1時間でカレーを作る」仕事の場面で考えてみましょう。

・**所要時間を確認します。**

他の仕事はないものとして，

カレー作りの所要時間　<u>1時間</u>　です。

カレーは
インド風でしょうか？

・**完成形（仕事の完了）をイメージします。**

できれば，見本やレシピ本を手元に置きます。

完成イメージがはっきりわからなければ，上司に確認します。

「バーモントカレー中辛」普通
の家庭用のね。とにかく急いで。

Step2 制限時間内に仕上げる方法をリストアップします。

1時間以内にカレーを作るためのアイデアを多く出しましょう。アイデアを出すポイントは，自由な発想で，質より量が大切です。判断は後回しでよいのです（問題解決技法〔p.30〕も参考にしてください）。下に書き出しましょう。

例）
・レトルトカレーを買ってくる
・材料の買い出しを誰かにお願いする
・カット済みの野菜セットを使う

いかがでしょうか？　1時間以内にカレーを作れそうですか？　時間内にできるのか，できないのかの判断は仕事を受けてすぐにできるとよいでしょう。できない場合には，すぐに上司に相談して判断を仰ぎます。選んだ方法についても上司に再度確認します。

このワークのポイント

上司の完成イメージは「とにかく急いで」という言葉からも，時間に間に合うことが最重要のようです。美味しく作る方法ではなく，時短に関するアイデアをたくさん出すとうまくいきます。材料は何を用いるとよいでしょう？　買い物の時短は？　お米は炊いておく？　煮込む手順は？　など具体的に考えてみましょう。

▶どの手順も省略できない気がする場合

次の視点から考えてみましょう。

・そもそも一人で実行可能か？　　・誰かに依頼できるか？　　・詳しい人に聞けないか？

・過去の仕事が応用できないか？　・完璧を目指し過ぎていないか？

・期限の延期を相談すべきか？　　・量を減らせないか？

Step3　手順ごとに所要時間を見積もり，1時間でできるか確認します。

1時間でカレーの材料の買い物から仕上げまで行うための手順を書き出し，それぞれの作業の所要時間を見積もってみましょう。

①材料の買い出し〈所要時間　　分〉 例）渋滞を避けて，自転車で買いに行く	③材料を炒める〈所要時間　　分〉 例）火の通りにくい野菜をレンジでチンする
②材料をカットする〈所要時間　　分〉 例）カット済み野菜を袋から出す	④煮込み味つけする〈所要時間　　分〉 例）圧力鍋で煮込む

このワークのポイント

最初に行程を作業工程ごとに大まかに決めて所要時間を決定します。その後に，細かい手順を書くと，全体像を把握しやすくバランスのよい計画が立てられます。

同時並行作業に気をつけましょう。お米を炊き忘れるなど，抜けはないですか？　①〜④が1時間で収まるでしょうか？

私はこれまで，こんなに計画を立てる時間がもったいないって思っていました。それに職場が「まずやってから，無理かどうかを言え」って社風なんです。だから，あんまり先に考えてばかりだと，上司に叱られそうです。

もしかすると，仕事を受けてから計画を立てて手をつけるまでに時間がかかり過ぎていたことが，「考えてばかりで動かない」と言い訳みたいに見られてしまった原因かもしれませんね。仕事を受けたらすぐその場で方法を上司と相談できると，仕事へのやる気と計画性をアピールできて，誤解を受けないかもしれません。

ワーク 一定時間内に完成させる計画を立てる【あなたの場合】

Step1 所要時間とゴール（仕事の完了）のイメージを設定します。

実際にあなたの仕事について考えてみましょう。

1週間ではなく，○時間と捉えることで実際に使える時間が体感しやすくなります。

・**所要時間を確認します。**

その仕事にかけられる時間はどれくらいでしょうか？

休みの日や他の仕事で取られる時間を省いて計算します。

| ＿＿＿＿＿＿＿＿＿＿＿＿＿＿＿＿ 時間 |

・**完成形（仕事の完了）をイメージします。**

できれば，見本や似たものを手元に置きます。はっきりわからなければ，上司に確認します。イメージを共有するために，見本品を持参したり，大ざっぱなアウトラインを見せながら尋ねるとよいでしょう。

すみません。だいたいこんな感じになるでしょうか？

Step2 制限時間内に仕上げる方法をリストアップします。

制限時間内に仕事を完了するためのアイデアを多く出しましょう。アイデアを出すポイントは，自由な発想で，質より量が大切です。判断は後回しでよいのです（問題解決技法〔p.30〕も参考にしてください）。下に書き出しましょう。

> ・
> ・
> ・
> ・
> ・

時間内にできるのか，できないのかの判断はつきましたか？　もし時間内にできない場合にはすぐに上司に相談して判断を仰ぎます。選んだ方法についても上司に再度確認します。

このワークのポイント

上司にとっての完成イメージは何が最重要でしょうか。スピードなのか，完成度なのか，わかりやすさなのか，斬新さなのか，どうでしょうか。それを叶えるアイデアをたくさん出すとうまくいきます。

▶アイデアが浮かばない場合

　仕事の中には決められた手順以外のやり方を許されないものもあるため，なかなかアイデアが出てこないかもしれません。集中力ややる気を増す方法や他の人に手伝ってもらう方法，締め切りの延長や到達度の調整などを試みるとよいでしょう。

Step3　手順ごとに所要時間を見積もり，時間内にできるか確認します。

　制限時間内に仕事を完了させるための手順を書き出し，それぞれの所要時間を見積もってみましょう。

手順①　　　〈所要時間　　分〉	手順④　　　〈所要時間　　分〉
手順②　　　〈所要時間　　分〉	手順⑤　　　〈所要時間　　分〉
手順③　　　〈所要時間　　分〉	手順⑥　　　〈所要時間　　分〉

▶初めての仕事なのでどのくらい時間がかかるかわからない

　初めて取り組む仕事の場合には，時間の見積もりが不正確になりがちです。試しに10分だけ仕事をしてみることで，おおよその目安がつきやすくなります。また，初めて取り組む仕事の場合には，すべきことを見逃しがちです。その仕事をした経験のある人に手順を聞くとよいでしょう。

制限時間内に仕事を仕上げるポイント

☑ 急いですることより，方法の選択が大事です。

　急ぐのには限界がありますし，ミスが多発することにもなります。先に方法をじっくり選びましょう。

☑ 頭を柔らかくして方法を決めましょう。

　誰しも，やり方に癖があるものです。上司や同僚に相談すれば視野が広がります。

会議の議事録って難しい

会議での議事録が書けません

　タケシさん（40代男性，仮名）は，会議に出席するのが憂うつです。なぜならば，議事録をとる担当が回ってくるからです。

　必死になってメモをとるのですが，出席者が次々に話をするためメモが全く追いつきません。一人ずつ順番に話してくれると楽なのですが，話し合いが紛糾したときなどは最悪です。なんとかまとめて議事録を提出しますが，聞き違いや理解のズレを指摘されることもよくあります。大学時代もノートをとるのが苦手でした。他の人は要領よく要点をまとめて記録にしているのですが，なんて自分はできないのだろうと落ち込みます。

　あなたにも同じような経験はありませんか？ 出席者一人ひとりの話に意識を集中するのが難しく，ちょっと他のことに気を取られていると，話が終わっているなんてこともありますよね。

議事録，メモをとるアイデア

対策1　事前にメモのフォーマットを作っておく

　過去のフォーマットがある場合にはそれを参考にしましょう。以前記録した人に尋ねてみてください。それぞれの項目に沿って記録すると要点を絞って記録しやすくなります。また，事前にわかっていることは会議の前までにあらかじめ書き出しておくと，追加部分を記入するだけでよいことになります。

対策2　ICレコーダーを使う

　ICレコーダーを使って，後から聞き直し，フォーマットに沿って議事録をまとめましょう。自分の理解にずれがないか確認でき，情報をまとめる練習にもなります。板書された内容が必要ならカメラで撮影するのも手です。資料，予定表などとあわせてなくさない対策として撮影しておくと，情報を一元化できるメリットもあります。

　ICレコーダーやカメラを使うときには，必ず事前に許可を取りましょう。カメラで撮影するときは，会議が終わったときや休憩中など，撮影するタイミングも大切です。

19 重要な仕事になかなか時間が割けません

事例 アヤカさん（20代女性，仮名）

日々の仕事に追われて，重要な仕事が先延ばしのアヤカさん

　アヤカさんは，旅行会社に勤務しています。後輩のための業務マニュアルを作成するよう言われていますが，日々のメール返信や窓口業務が忙しく，なかなかマニュアル作成まで手が回りません。まとまった時間があればなあと思うのですが，無理です。すべての業務が終わる18時にはもうへとへとで取りかかれません。

アヤカさんのように，重要な仕事なのに時間がとれない経験はありませんか？
アヤカさんが先延ばしにする原因についても考えてみましょう。

 グループで

アヤカさんの気持ちがわかりますか？ アヤカさんはなぜ重要な仕事を先延ばしにするのでしょう？ 自分の場合の先延ばしにする原因について話し合ってみましょう。

方略 自分のゴールデンタイムに気づこう

 解説 ゴールデンタイムを探る【アヤカさんの場合】

　アヤカさんは忙しい仕事のやっと片づいた18時にはへとへとになって，業務マニュアルを作成する気力がなくなっています。一方で，18時までの日中には，他の仕事をテキパキとこなせているようです。アヤカさんは，実は昔から「朝型」です。朝10時ごろが集中力のピークですが，昼ご飯の後から徐々にペースダウンします。

　この「集中力のピーク」を「ゴールデンタイム」と名づけて，自分は何時ごろがゴールデンタイムなのかを探りましょう。ゴールデンタイムに最適な仕事と，そうでないときに最適な仕事を振り分けて配置すると，スムーズに取り組めます。

 ワーク 自分のゴールデンタイム【あなたの場合】

ゴールデンタイムは	：	～	：	ごろです。

　ゴールデンタイムに取り組むとよい最適な仕事は，一般的には熟考を要する難しい課題，ミスの許されない課題です。

集中できない時間帯は	：	～	：	ごろです。

　集中できない時間帯に最適な仕事は，慣れた単純作業です。眠気の強い時間帯には，会議などの対人場面，外回り，印刷作業などの身体を動かす仕事が向いています。

方略 ゴールデンタイムに収まらない仕事を分解しよう

解説 ゴールデンタイムに重要な仕事が入りきれない【アヤカさんの場合】

　ゴールデンタイムはよくわかったけれど，そもそも重要な仕事にはまとまった時間が必要なので，入りきれないと言うアヤカさん。どうしたら進めていけるでしょうか。

> 今だって忙しいのに，業務マニュアル作りなんてできるわけないですよね。だって，やっぱり最低でも8時間ぐらいは欲しいです。まとまった時間で，じっくり集中してやりたいでしょう。

> 後輩のためのマニュアルだし，丁寧に作りたいですよね。でも，8時間もとれるものでしょうか？

> 絶対無理ですよね。ゴールデンタイムをフル活用しても，ルーティン業務があるから，とれても週にせいぜい20分間が3回ぐらい……全然集中できないでしょうね。

> 20分間が3回。この「すきま時間」に合わせて，重要な仕事を分解するという方法をおすすめします。

> すきま時間で，重要な仕事をですか？　正直，抵抗があります。じっくりやりたいですから。

> どんな大きな仕事でも，小さな仕事の積み重ねでできているものなんですよ。分解することで，全然しないよりは確実に前に進められるんです。

重要な仕事の分解のコツ

☑ **時間で区切る（おすすめ）**

　　重要な仕事全体の所要時間を見積もってから，1時間単位の仕事に分解しておき（アヤカさんの場合は20分ずつ3回に分けて），それを「すきま時間」に入れます。

☑ **ページ数や個数などわかりやすい量で区切る**

　　業務マニュアル10ページずつとか，1箱分処理する，などです。

☑ **仕事の行程を作業工程で区切る**

　　仕事の行程を作業工程ごとに区切ると，作業の進捗状況が把握しやすくなります。

ゴールデンタイムの活用【アヤカさんの場合】

Step1 タスクを仕分けします（ゴールデンタイム or 集中できない時間帯）。

アヤカさんは抱えている仕事を，ゴールデンタイム向きの集中力の必要な重要な仕事と，集中力のない時間帯でも取り組める仕事に仕分けました。

・メールの返信	（ ゴールデンタイム向き ・ 集中できない時間帯向き ）
・窓口業務	（ ゴールデンタイム向き ・ 集中できない時間帯向き ）
・ごみ捨て	（ ゴールデンタイム向き ・ 集中できない時間帯向き ）
・業務マニュアルの作成	（ ゴールデンタイム向き ・ 集中できない時間帯向き ）

Step2 固定の予定を記入します。

会議などあらかじめ時間が決まっている仕事を記入して，空いている時間を視覚化します。左下の欄の3つはアヤカさんの固定の予定です。スケジュール帳にも記入します。

例）
・昼休み
  12:00 ～ 13:00
・会議
  毎週月曜　11:00 ～ 12:00
・窓口業務当番
  火曜と木曜　9:00 ～ 12:00
・外回り
  金曜 13:00 ～ 15:00

	月	火	水	木	金
9:00					
10:00					
11:00	↕ 会議				
12:00	昼休み				
13:00					
14:00					
15:00					

Step3 Step1 のタスクを，空き時間に配置します。

アヤカさんのゴールデンタイムは10時から12時までです（上の予定表の青色の部分）。ゴールデンタイムのうち固定の予定のない空白部分に，Step1 で仕分けたゴールデンタイム向きのタスクを入れます。集中できない時間帯向きのタスクはアヤカさんの場合，夕方に入れるとよいでしょう。

ゴールデンタイムの活用【あなたの場合】

Step1　タスクを仕分けします（ゴールデンタイム or 集中できない時間帯）。

　あなたが抱えている仕事を，ゴールデンタイム向きの集中力の必要な重要な仕事と，集中力のない時間帯でも取り組める仕事に仕分けます。当てはまる方を○で囲みましょう。

・　　　　　　　　　　　（　ゴールデンタイム向き　・　集中できない時間帯向き　）
・　　　　　　　　　　　（　ゴールデンタイム向き　・　集中できない時間帯向き　）
・　　　　　　　　　　　（　ゴールデンタイム向き　・　集中できない時間帯向き　）
・　　　　　　　　　　　（　ゴールデンタイム向き　・　集中できない時間帯向き　）

Step2　固定の予定を記入します。

　会議などあらかじめ時間が決まっている仕事を記入して，空いている時間を視覚化します。あなたが使っているスケジュール管理ツール（スケジュール帳など）にも記入しましょう。

	月	火	水	木	金
9:00					
10:00					
11:00					
12:00					
13:00					
14:00					
15:00					

Step3　Step1 のタスクを，空き時間に配置します。

　あなたのゴールデンタイムの時間帯を上の予定表に蛍光ペンで色づけします。ゴールデンタイムのうち固定の予定のない空白部分に，Step1 で仕分けたゴールデンタイム向きのタスクを入れます。その他の空白の時間には，集中できない時間帯向きのタスクを入れます。

20 いくつもの仕事を同時に進めるのが苦手でパニックです

事例 ナオキさん（30代男性，仮名）

同時並行が苦手。繁忙期はいつもパニックのナオキさん

　ナオキさんの職場は繁忙期になると，通常業務に特別業務が加わります。書類の量は倍増し，外部からの問い合わせも増え，電話応対に追われて書類に集中できません。慌てるせいか，ミスも増えてしまい，さらに時間を取られてしまいます。忙しいときほど，もっと効率的に仕事をしたいと思ってはいるのですが……。

方略 ガントチャートで長期的な見通しを持とう

 ガントチャートを書く【ナオキさんの場合】

　忙しい時期をうまく乗り切るために，1週間単位よりも少し長い期間で予定を立てましょう。少し先の見通しをもって計画を立てていけば，マルチタスクも決して恐れることはありません。

ガントチャートの手順

　自分が使っているスケジュール管理ツール（週間バーティカル）には職場のルーティン（自分が関わるもの），アポイント，書類の提出締め切りなどが書き込まれているでしょう。それを，ガントチャートに書き写します。

・空白の時間がほとんどない終日の予定のある日→その予定を縦に書く
・1時間ほどの空き時間がある日→空白

　ナオキさんは，バーティカルの週間予定に記入された1カ月分の予定をガントチャートに書き写しました。

　空白の時間がほとんどない，終日の予定については，大きく縦書きに記入します。1時間以上の空き時間のある日は，空白のままにしておきます。

　このようにして完成させたガントチャートを見ると，この1カ月でナオキさんがプロジェクトに費やすことのできる時間がひと目でわかります。

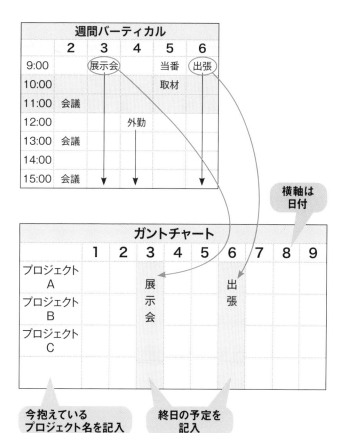

方略 ─ **ロジックツリーTo-Doリストで仕事の漏れをなくそう**

解説 プロジェクトごとにロジックツリーTo-Doリストを作る 【ナオキさんの場合】

1つのプロジェクトごとに1つのロジックツリー To-Do リストを作ります。

ロジックツリー形式の To-Do リストは，大分類でリストアップしてから細部の To-Do を検討するため，漏れが出にくいといわれています。

Step1 プロジェクトのゴール（そのプロジェクトが完了したときにどうなっているか）がイメージできますか？

イメージできるとき	イメージできないとき
→ Step2 へ	To-Do リストに漏れができたり，間違えたりする可能性があるため，責任者への相談が必要です。

こういうときはイメージができています	こういうときは相談が必要です
・何度も同じ仕事を経験している。 ・人に説明できるくらい具体的に何をするかがわかっている。 ・実際の体験やタイムログに基づいて時間の見積もりができている。	・初めての仕事である。 ・経験はあるが，以前とはやり方が変わった。あるいは仕事相手や上司が代わった。 ・例えば「書類」「プレゼン」といっても具体的な中身や場面は想像がつかない。 ・人に聞かれても説明できない。

Step2 ①ゴールのイメージに基づいて大まかな手順を書き出します。

ナオキさんは「報告会準備」について，大まかな手順を考えました。報告会に出す報告書の作成，中間報告，報告書修正，最終報告の4段階がありそうです。

②大まかな手順のそれぞれに，細かい To-Do リストを書き出します。

このとき，文頭にチェックボックス□と，文末に括弧（　）で所要時間を書いておきます。

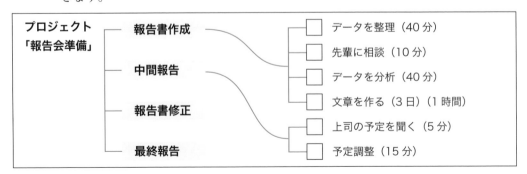

去年のことを思い出すと所要時間を予測できますよ。

94

プロジェクトごとにロジックツリーTo-Doリストを作る 【あなたの場合】

Step1 仕事のゴールがちゃんと見えているかどうかチェックしましょう。

　以下のすべてにチェックがつけば，Step2 に進みましょう。

☐ 何度も同じ仕事を経験している。

☐ 人に説明できるくらい具体的に何をするかがわかっていて，時間の見積もりもできている。

　以下に1つでもチェックがつけば相談をおすすめします。相談する計画を立てましょう。

☐ 初めてする仕事である。

☐ 経験はあるが，以前とはやり方が変わった。あるいは仕事相手や上司が代わった。

☐ 例えば「書類」「プレゼン」といっても具体的な中身や場面は想像がつかない。

☐ 人に聞かれても説明できない。

誰に	いつ（時刻 or タイミング）	どう声をかけるか

Step2 プロジェクトごとに，ゴール（そのプロジェクトが完了したときにどうなっているか）をイメージして，大まかな手順を書き出して全体像をつかんでから，細かい To-Do を書き出します。

①仕事が完了したところ（ゴール）をイメージしながら，大まかな手順を書きます。

②それぞれに To-Do リストを作りましょう。チェックボックス☐を頭につけて，

　（　　）に所要時間の見積もりを書きます。

プロジェクト名 「　　　　　　　　　　　　　　　　　　　　　　　　」
☐　　　　　　　（　　　）
☐　　　　　　　（　　　）
☐　　　　　　　（　　　）

プロジェクト名 「　　　　　　　　　　　　　　　　　　　　　　　　」
☐　　　　　　　（　　　）
☐　　　　　　　（　　　）
☐　　　　　　　（　　　）

方略　ガントチャートとロジックツリーTo-Doリストで
複数のプロジェクトを管理しよう

解説　ガントチャートとロジックツリーTo-Doリストを書く方法

Step1　各プロジェクトをそれぞれの付箋で To-Do リストにして，それぞれの締め切り
をガントチャートに赤い縦線「 ▌ 」*で記入します。

締め切りは縦の赤線

プロジェクトA 〆切 (10/4)
☐ 報告書作成（1時間）
☐ 中間報告（40分）
☐ 報告修正（30分）

プロジェクトB 〆切 (10/7)
☐ 印刷（30分）
☐ 封筒詰め（50分）
☐ 発送（30分）

プロジェクトC 〆切 (10/9)
☐ データ集計（20分）
☐ グラフ作成（40分）
☐ 報告書作成（1時間）

プロジェクトごとにどのくらい締め切りに差し迫ってい
るかが視覚化されます。　*本書では赤の箇所を青で示してあります。

Step2　各プロジェクトの To-Do を，ガントチャートの締め切りの近いものを優先して，
週間バーティカルの空白時間に予定として入れていきます。

　ガントチャートには，その日に行う To-Do の省略した仕事名を書き，進捗状況がひと目
でわかるようにしておきます。

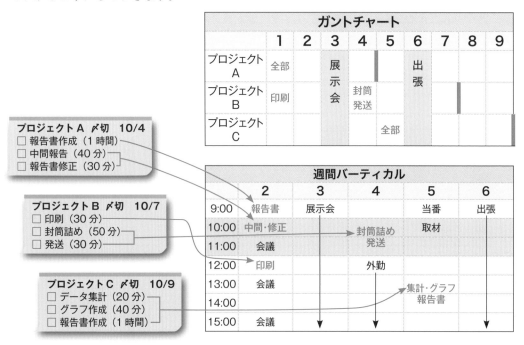

ガントチャートとロジックツリーTo-Doリストを書く【あなたの場合】

Step1 各プロジェクトの締め切りを赤い縦線「▌」で，すでに終日入っている予定を縦書きで記入します。

・空白の時間がほとんどない終日の予定のある日→その予定を縦に書く

・1時間ほどの空き時間がある日→空白

プロジェクト名を記入　　　横軸は日付

ガントチャート																														
	1	2	3	4	5	6	7	8	9	10	11	12	13	14	15	16	17	18	19	20	21	22	23	24	25	26	27	28	29	30	31

Step2 ガントチャートの締め切りの近いプロジェクトを優先して，各プロジェクトのTo-Do を，直近の1週間の週間バーティカルの空白時間に予定として入れていきます。

（下の欄は1週間分を見本として載せていますが，実際にはスケジュール帳などのスケジュール管理ツールに記入しましょう）。上のガントチャートには，その日に行うTo-Do の省略した仕事名を書き，進捗状況がひと目でわかるようにしておきます。

	週間バーティカル　直近の1週間　第（　　　）週				
	日（月）	日（火）	日（水）	日（木）	日（金）
8:00					
9:00					
10:00					
11:00					
12:00					
13:00					
14:00					
15:00					
16:00					
17:00					
18:00					
19:00					

プロジェクト（　　　　　　）
- □　　　　　　　　（　　　）
- □　　　　　　　　（　　　）
- □　　　　　　　　（　　　）
- □　　　　　　　　（　　　）
- □　　　　　　　　（　　　）

プロジェクト（　　　　　　）
- □　　　　　　　　（　　　）
- □　　　　　　　　（　　　）
- □　　　　　　　　（　　　）
- □　　　　　　　　（　　　）
- □　　　　　　　　（　　　）

プロジェクト（　　　　　　）
- □　　　　　　　　（　　　）
- □　　　　　　　　（　　　）
- □　　　　　　　　（　　　）
- □　　　　　　　　（　　　）
- □　　　　　　　　（　　　）

ガントチャートの活用例

ガントチャート（p.93～97を参照）は，月間スケジュールもしくは四半期ごとの計画を立てるような業種の人に向いています。同じ日に1つのプロジェクトに関するTo-Doを進めるのは，せいぜい2つまでにすると集中できます。日にちごとに縦に眺めてみて，2つ以上タスクが入っていないか確かめるとよいでしょう。

> 繰り返しのある会議や研修などを書いておくと，そのための準備をどの時期にすべきかわかります。

> 新幹線予約，出張伺い，出張報告書の作成漏れがないように，準備できたら，上から順に ✓ をつけていきます。

ガントチャート

	1	2	3	4	5	6	7	8	9	10	11	12	13	14	15	16	17	18	19	20	21	22	23	24
会議	#1					準備		#2			研修会参加				#3				社員旅行			#4		
出張					大阪								大阪					広島					東京	
報告書	←資料集め→					←構想を練る→						←本文を書く→												

> ステップごとのおよその完了時期を，長期的な視点で定めてから，細部の計画を立てるのにも役立ちます。

ガントチャートは，上司に仕事の進捗状況を報告したり，同僚と把握しあったりするのにも便利です。

> これまで，上司に年間計画を出すように言われてきましたが，ずっと苦手でなかなかできませんでした。
> でもこうやって作っていけばいいとわかりました。
> バーティカルと連動させるから，確実にできますね。

> そのとおりです！ 年間計画の場合には，細かい予定が1年分わかるわけではないから，まずはガントチャートでざっくりと予定を立ててから，1カ月ごとに細かくTo-Doにしていくとうまくいきやすいですよ。

21　わからないことをなかなか質問できません

事例 シズカさん（30代女性，仮名）

わからないことを聞けないまま，空回りするシズカさん

シズカさんは，朝礼で上司から出される指示を1回で理解するのが苦手です。誰が何をしたらよいのかわからないときもありますし，言葉の意味がわからないときもあります。でも周りの人は何も言わずに聞いているので，わかっていないのは私だけ？と思うと，恥ずかしくてなかなか質問することができません。わかったふりをして，知らない言葉を必死に調べて時間がかかったり，わかっていないままで仕事をミスしたりしてしまいます。ただ聞けば済むことだとわかってはいるのですが……。

シズカさんと似た経験はありませんか？　あなたはわからないことを素直に尋ねたり相談したりすることができますか？

今の自分の思考，行動パターンを振り返ってみましょう。

 グループで

他の人と意見を共有してみましょう。

質問や相談ができないときの考え方や行動パターンに気づこう

ワーク　質問や相談ができないときの考え方や行動パターンを振り返る
【あなたの場合】

どんな 場面で	例）朝礼で上司が全体に向けて指示を出している。

いつもの 思考	例）自分だけが能力が低い。わからないことは恥ずかしいことだ。

いつもの 行動	例）わかっているふりをする。自分で調べる。

結果	例）余計な時間がかかる。わからないままやるのでミスをする。

自分のパターン（上の図）を見て，どのように思いましたか？

質問・相談することは長い目で見て損か得か考えてみよう

ワーク 質問・相談することのメリット・デメリット分析（損得分析）をする
【あなたの場合】

　わからないことは聞いたほうがよいとわかってはいるのに，質問・相談することができないのはなぜでしょうか？　そこには「聞かない」という行動の裏にある「隠れたメリット」があります。そのメリットを明らかにしたうえで，自分にとって影響があるのはどちらか考えてみましょう。

　まずは自分で振り返ってみましょう。その後，可能なかぎり他の人の意見やアイデアをもらってみてください。自分では気づけない発見があるかもしれません。

▶**仕事でわからないことを聞くことのメリット・デメリット分析**

	メリット（得）	デメリット（損）
聞く （相談する）		
聞かない （相談しない）		

　メリット・デメリット分析をしてみて気づいたことは何でしょうか？　自分にとって役に立つのは何でしょうか？

方略　　質問・相談の方法を考えておこう

ワーク　　質問・相談の方法を考える【あなたの場合】

Step1　まずはわからないことは質問（相談）すべきものと認識しましょう。

　聞くメリットを思い出し，相談する勇気が湧くような言葉を考えてみましょう。

勇気の出る言葉の例

「聞くは一時の恥，聞かぬは一生の恥」「他の人も本当はわかっていない」

Step2　相談する判断基準をつくりましょう。

緊急度の高いことか？

今すぐに対応しなくてはいけないことは，相手の状況にかかわらず，まずは一報を入れましょう。機械トラブル，クレームでのトラブルなど，今起こっていることをすぐに上司や周りの人に報告することが重要です。報告するタイミングに迷うときには，まずは近くの人に状況を伝え，上司への報告方法を尋ねましょう。

調べてわかることか？

ネット検索をしたり，マニュアルに書いてあるか見たりするなど，自分で調べるとわかることは，まずは自分で調べてみましょう。高度な知識が必要だったり，調べ方がわからなかったりするときには正直に話し，助けを求めましょう。その場で確認することですぐに済む場合には，率直に質問しましょう。

その他，あなたの判断基準

Step3　相談するタイミングを決めておきましょう。

　Step2 で判断したように，緊急度が高いときには，まずは一報を入れましょう。相談する内容は事前に書き出して整理しておくのがベストです。また，質問や相談はタイムリーにできればよいですが，相手の状況によるところもあり，タイミングが難しいこともあるでしょう。解決策として，上司に頼んで定期報告タイムを設けてもらうと，リカバリーしやすくなります。報告の時に合わせてわからないところを聞くことができます。誰に，どのくらいの頻度で定期報告タイムを設けてもらうか現実的に考えてみましょう。

誰に	いつ，どれくらいの時間	どのように

22 仕事のミスや遅れを報告することが怖いです

事例 エミさん（30代女性，仮名）

しまった！ 発注ミスをした！

　エミさんは仕事にも少し慣れてきて，重要な仕事を任せてもらえるようになってきました。そんな矢先，大口の顧客企業に渡す商品の発注を一桁間違えてしまい，商品が足りないという出来事がありました。上司に知られたら「役に立たない」「必要ない人間だ」と思われてしまうのではないかと，エミさんはパニックに陥ってしまいました。

「ミスは隠してしまえ！ そのほうが怒られないで済むよ」。そんな悪魔の声が聞こえてきます。しかし，本当にそうでしょうか？ 仕事のミスを伝えた場合と伝えなかった場合，どのようなことが起こるか整理してみましょう。

方略 相談した場合と相談しなかった場合を比較しよう

ワーク 仕事のミスを報告した場合としなかった場合を比較する
【あなたの場合】

箇条書きにして，（状態が）良いを○，普通を△，悪いを×で評価してみましょう。

相談した場合	相談しなかった場合
（ ○ ） サポートしてもらえる	（ △ ） がっかりされない
（ ○ ） 相手の時間を奪う	（ ）
（ ）	（ ）
（ ）	（ ）
（ ）	（ ）
（ ）	（ ）
（ ）	（ ）
（ ）	（ ）
（ ）	（ ）
（ ）	（ ）

第3章 実践編

103

緊急度に応じていつ誰に相談するか考えておこう

　エミさんは，やっぱり相談した場合のほうがいいということにあらためて気づきました。

　では，いつどんなふうに伝えたらよいのでしょうか？　あらかじめ考えておくと相談しやすくなります。

ワーク **緊急度別いつ誰に相談するか表【あなたの場合】**

	想定される出来事	いつ	誰に	どうやって
高	例）重要書類を紛失した	例）発覚後すぐに（夜でも）	例）上司の〇〇さんに	例）電話で伝える
緊急度				
低				

相談と報告をする行動をイメージしておこう

ワーク　相談と報告をシミュレーションする【あなたの場合】

より具体的な場面を想定してみましょう。どんな場面で相談や報告が必要ですか？

①まずは声をかける	
誰に？ 例）上司の〇〇さんに	**どんな言葉で？** 例）ご相談させていただきたいことがあるのですが，お時間よろしいでしょうか？

②報告は結論を先に伝え，経過を報告する	
起こっていること 例）土曜日までに100個必要な〇〇が発注ミスで10個しかなく足りていません。	**その経過** 例）月曜日に業者に発注したのですが，その時点ではミスに気づけておらず……

③自分の考える対策も用意しておく
対策 例）明日の早朝，業者に直接出向いて，追加の対応をお願いしたいと思うのですがいかがでしょうか？

▶**応用編：練習してみる**

できれば誰かと，上記のワークを練習してみましょう。

ミスを報告するときの態度をイメージする

ミスを報告するときの態度は，どのような態度が望ましいでしょうか？

イメージして書き出してみましょう。（身体の向きは？ 視線は？ 手は？……）

　身体は相手に向かって正面を向きます。視線は相手を見ながら。腕組みをしたりのけぞったりしないようにします。そして「休め」の姿勢もよくありません。相手が立っている場合は自分も椅子から立って話したり聞いたりするとよいでしょう。

視線 ・相手の目を見ます	**態度** ・手は前に組みます ・ポケットに手を入れるのは NG です
おじぎの仕方 ・首から曲げるよりは腰から深くおじぎをします。	**表情** ・罪悪感からふてくされた顔になっていないでしょうか？

23 もしまた不調になったとき，どうしよう

安定しているときに，悪化したときの対処法を考えておきましょう

　風邪をひかないように，うがいや手洗い，睡眠，食事などで「予防」をしますね。風邪をひいたら，「病院に行く」「お薬を飲む」「休養する」ことでしょう。

　「咳や鼻水が出る」「頭痛がする」「寒気がする」「熱が高くなる」……風邪の状態はあらかじめイメージでき，かかった場合にどうなるかがわかっているからこそ，対処法がイメージしやすくなるのです。

　自分では気づきにくい「身体や心のこと」をあらかじめ整理して，その時々に合った対処法を考えてみましょう。

> **方略**　いい調子のときの自分を把握しておこう

 ワーク　「いい調子のときの自分」を書く【あなたの場合】

例）ミカさんの場合
・みんなに優しくできる　・楽しいことが好き　・行動力がある　・冗談を言う
・人見知りだけど話そうと努力する　・緊張する　・不安が強い

あなたの場合

方略 ▶ 不調が現れたときの自分を把握しておこう

ワーク 🖉 「不調が現れたときの自分」を書く【あなたの場合】

例）エイタさんの場合

●眠りが浅くなる　　　　　　　　　●強い口調になる　　　●死にたくなる

　●イライラする　　●集中できなくなる　　●ミスが増える　　　●飲酒量が増える

◀━━━━━━━━━━━━━━━━━━━━━━━━━━━━▶
低　　　　　　　　　　　不調の状態　　　　　　　　　　高

あなたの場合を書き出してみましょう。

┌─────────────────────────────────┐
│   │
│   │
│   │
│   🖉 │
└─────────────────────────────────┘

方略 ▶ 支援者（サポーター）を考えておこう

ワーク 🖉 自分にとってのレスキュー部隊を書く【あなたの場合】

しんどいとき，自分を救うには？　エコマップも参考にしましょう（p.22～23参照）。

┌─────────────────────────────────┐
│ 何をしてほしい？　　　　　　　　　誰に？　　　　　│
│ イツキさんの例）　　　　　　　　　　　　　　　　　│
│ 一緒にお茶休憩してほしい　━━━▶　マナミ先輩　　　　│
│ ・　　　　　　　　　　　　━━▶　　　　　　　　　　│
│ ・　　　　　　　　　　　　━━▶　　　　　　　　　　│
│ ・　　　　　　　　　　　　━━▶　　　　　　　　　　│
│ ・　　　　　　　　　　　　━━▶　　　　　　　　　　│
│ ・　　　　　　　　　　　　━━▶　　　　　　　　　　│
│ ・　　　　　　　　　　　　━━▶　　　　　　　🖉 │
│ ・　　　　　　　　　　　　━━▶　　　　　　　　　　│
└─────────────────────────────────┘

しんどいときにプランを実行してくれる人に，事前にお願いしておきましょう。

どうやって伝えますか？（口頭・紙・メール・　その他＿＿＿＿＿＿＿＿＿＿）

どのように伝えますか？（例）「○○のときは△△をお願いしてもいいですか？」

方略 サポーターにしてほしいことを考えておこう

ワーク 「サポーターにしてほしいこと」を書き出す【あなたの場合】

　サポーターがよかれと思って取り組んでいることが，あなたにとっては負担となることもあるでしょう。しんどいと感じたとき，あなたはどのように対応してほしいですか？

例）エミさんの場合
・2時間おきに声をかけてほしい　・心配は嬉しいけれど過干渉にならないでほしい
・仕事量を減らすときは理由を聞かせてほしい（自分が必要ないと思われていないか不安になるから）

あなたの場合

▶**番外編：「あなたの情報あれこれ」を書き出す**

　「あなたの情報あれこれ」を下に書き出しておきましょう。

かかりつけの病院（行きたい病院）は？

飲んでいるお薬は？

受けたい治療や受けたくない治療は？

---

24 仕事中，休憩をとることが苦手です

事例 トウコさん（40代女性，仮名）

休憩をとることが苦手なトウコさん。
一区切りってどの辺ですか？　休憩が大事だと指摘されます

　専門職であるトウコさんは，熱心に仕事をこなします。入職以来，一心不乱にスキルを磨き続けたトウコさんは同僚や上司も一目置く存在です。そんなトウコさんですが，部下や時に上司にさえ仕事の姿勢が甘いと指摘し，周囲と軋轢（あつれき）が生まれます。トウコさん自身も，「休みをとることの重要性」を頭ではわかっていますが，どうしても仕事中に休憩や休息をとることが苦手です。猛烈に仕事をする一方で，電池が切れたような虚脱感を感じることもあり，イライラしていることが多いです。

　トウコさんには過集中しやすいという傾向があるようです。あなたはトウコさんと似た経験はありませんか？　仕事の仕方を振り返ってみましょう。

 グループで

トウコさんの気持ちがわかりますか？　自分の経験について話し合ってみましょう。

「休憩すること＝サボる」ではない他の面に気づこう

ワーク　休憩することの役立つ面と役立たない面を考える

　トウコさんは，入職時の先輩からの教え「権利を主張するには義務を果たせ」を頑なに守り，常に「自分に与えられた役割」を真摯に果たしてきました。いつの間にか「休まず働くことが大切」という考え方が自分らしさとなりました。このような考え方の役に立つ面とそうでない面を書き出してみましょう。

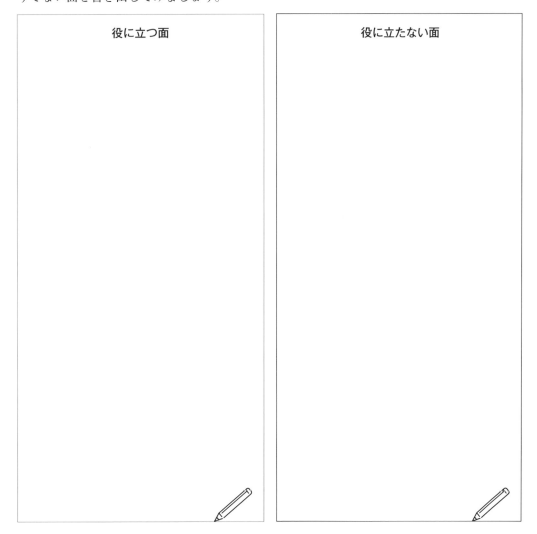

役に立つ面	役に立たない面

　第2章で取り上げた「休憩の意味」についての解説（p.57 参照）や休憩について考えるワーク（p.58 参照）も振り返ってみるとよいでしょう。

第3章　実践編

解説　過集中から抜け出す方法

　トウコさんの事例では，「過集中」も検討要素になりそうです。普段から不注意が続くという方でも，一度スイッチが入ると「時間を忘れて没頭する」ということはよくあります。没頭することは時に素晴らしい業績を達成しますが，一方で，没頭している活動以外には興味関心が向かないという弊害も生み出します。トウコさんの場合は，プライベートも顧みず，専門職として素晴らしい技術を磨きましたが，社会人として職場でのコミュニケーションをおろそかにして，孤立した状態を作り出してしまいました。

　不注意や多動（落ち着きのない行動）を指摘され続けた人の中には，「集中し続けなければならない」という信念を持っている人もいます。

　また，「これ以上集中してはいけない，まずい！」と気づいても一度かかった集中力のエンジンを自制することは至難の業です。あらかじめ対策を考えましょう。

過集中への対策「時間を味方につける」

・作業時間と休憩時間を分けます。休憩時間を予定に組み込みます。
・50分ごとにアラームをセットします。「作業の一区切り」を時間でつけます。
・決めた時間に周囲の人に声をかけてもらいます。周囲からの声かけにも気づけない場合，声以外の方法で周囲の人に知らせてもらいましょう。
・日々のスケジュールのチェックで，自分のやるべきことを把握して，不安を撃退します。

過集中あるある

・過集中は自動的に始まります。
・過集中している時間はどれくらい？　タイムログをとりましょう。
・過集中から切り替わるために有効な手立てを見つけましょう。
・あなたの過集中対策を下に書いておきましょう。

 ワーク　過集中対策【あなたの場合】

私の過集中対策は　　　　　　　　　　　　　　　　　　　　　　　　です。

方　略　一　覧

■著者

中島 美鈴（なかしま　みすず）

公認心理師，臨床心理士。心理学博士。2020年九州大学大学院人間環境学府人間共生システム専攻博士後期課程修了。肥前精神医療センター，東京大学駒場学生相談所，福岡大学人文学部などでの勤務を経て，現在は肥前精神医療センター臨床研究部にて成人期のADHDの認知行動療法の研究に従事。『ADHDタイプの大人のための時間管理ワークブック』（共著，星和書店），『成人ADHDの認知行動療法』（共訳，星和書店）など，著訳書多数。

前田 エミ（まえだ　えみ）

看護師。医療法人ましき会益城病院，熊本県立こころの医療センターでの勤務を経て，2012年より医療法人要会かなめクリニックに勤務し，リワークデイケアを担当している。

高口 恵美（こうぐち　めぐみ）

公認心理師，社会福祉士，精神保健福祉士。2011年福岡県立大学大学院人間社会学研究科修了。精神科病院，福岡県教育委員会などにおけるスクールソーシャルワーカーとしての勤務を経て，現在は西南女学院大学保健福祉学部福祉学科の専任講師。主な著書に『学校ソーシャルワーク演習〜実践のための手引き〜』（分担執筆，ミネルヴァ書房）などがある。

谷川 芳江（たにがわ　よしえ）

公認心理師，臨床心理士，社会福祉士，精神保健福祉士。2003年西九州大学大学院健康福祉学研究科臨床心理専攻修了。佐賀県発達障害者支援センター結での勤務を経て，教育福祉領域で臨床活動に従事。現在は依存症回復支援施設ジャパンマック福岡に併設するカウンセリングスペースやどりぎ，および福岡県庁職員相談室に勤務し，発達障害をもつ働く大人や依存症を抱える人の回復支援に従事している。

牧野 加寿美（まきの　かずみ）

公認心理師，臨床心理士。2008年九州大学人間環境学府実践臨床心理学専攻専門職学位課程修了。医療法人藤本育成会大分子ども病院での勤務を経て，2013年よりかなめクリニックに勤務。

働く人のための時間管理ワークブック

2021 年 1 月 18 日　初版第 1 刷発行

著　　　者　中島美鈴，前田エミ，高口恵美，谷川芳江，牧野加寿美
発 行 者　石 澤 雄 司
発 行 所　株式会社 星 和 書 店
　　　　　〒 168-0074 東京都杉並区上高井戸 1-2-5
　　　　　電 話　03 (3329) 0031 (営業部) ／ 03 (3329) 0033 (編集部)
　　　　　FAX　03 (5374) 7186 (営業部) ／ 03 (5374) 7185 (編集部)
　　　　　http://www.seiwa-pb.co.jp

印刷・製本　株式会社光邦

ADHDタイプの大人のための
時間管理ワークブック

なぜか「間に合わない」「時間に遅れる」
「約束を忘れる」と悩んでいませんか

中島美鈴，稲田尚子 著

A5判　176p　定価：本体1,800円＋税

いつも遅刻、片づけられない、仕事が山積みでパニックになる、と悩んでいませんか。日常によくある困った場面別に学べるので、改善が早い！ ひとりでも、グループセラピーでも使用できるように構成されています。

ADHDタイプの大人のための
時間管理プログラム:
スタッフマニュアル

中島美鈴，稲田尚子 監修
中島美鈴，稲田尚子，谷川芳江，
山下雅子，高口恵美，前田エミ 著

A5判　144p　定価：本体2,200円＋税

『ADHDタイプの大人のための時間管理ワークブック』を使ってグループセラピーを実施したい治療者・スタッフのためのガイドブック。より効果的で，質の高いグループ運営をしたい支援者のために。

発行：星和書店　http://www.seiwa-pb.co.jp

生き生き働く、活き活き生きる 8つのステップ

ウェルビーイング手法の ワーク&トレーニング

須賀英道, 齊藤朋恵 著

B5判　112p　定価：本体 2,000円＋税

働き方改革のなかで、幸せに健康的に働いて人生を豊かに生きるための実践トレーニングブック。社内外の研修やトレーニングのテキストとして、また、セルフケアのためのワークブックとして。

ワーク・エンゲイジメント入門

ウィルマー・B・シャウフェリ,
ピーターナル・ダイクストラ 著

島津明人, 佐藤美奈子 訳

四六判　180p　定価：本体 1,900円＋税

活き活きと、健康的に、情熱をもって働くための手段であるワーク・エンゲイジメント。本書は、その本質、作用の仕方を説明し、それを高めるために従業員および組織には何ができるかを提案する。

発行：星和書店　http://www.seiwa-pb.co.jp

マインドフルにいきいき働くための
トレーニングマニュアル

職場のためのACT（アクセプタンス＆
コミットメント・セラピー）

ポール・E・フラックスマン，他 著
武藤 崇，土屋政雄，三田村仰 監訳
A5判　328p　定価：本体 2,500円＋税

職場でのストレスチェックが義務化された。本書で紹介
する ACT に基づくトレーニング・プログラムは、職場で
働く人の満足感を高め、仕事の成績を改善し、良好な
人間関係を築き、心の健康を増進させる。

こころがふわっと軽くなるACT
（アクセプタンス＆コミットメント・セラピー）

ガチガチな心を柔らかくする
トレーニング

刕田文記 著
A5判　184p　定価：本体 1,700円＋税

誰もが自分で学び実践できる ACT（アクセプタンス ＆ コ
ミットメント・セラピー）の本。ACTやその基礎理論につ
いてコンパクトに学べる一冊。専門家でなくてもわかる易
しい解説とエクササイズ。

発行：星和書店　http://www.seiwa-pb.co.jp

大人のADHDワークブック

ラッセル・A・バークレー,
クリスティン・M・ベントン 著

山藤奈穂子 訳

A5判　352p　定価：本体2,600円＋税

集中できない、気が散る、片付けられない、計画を立
てられない、時間の管理ができない、などの大人の
ADHDの症状をコントロールし、人間関係を好転させる
ためのヒントが満載。ADHDの最新の解説も詳しい。

人間関係の悩み さようなら

素晴らしい対人関係を築くために

デビッド・D・バーンズ 著

野村総一郎 監修

中島美鈴 監訳　佐藤美奈子 訳

四六判　496p　定価：本体2,400円＋税

世界的なベストセラー「いやな気分よ、さようなら」の著
者バーンズ博士が、周りの人との人間関係の悩みや問
題に対して、認知療法に基づき画期的な解決法を提案
する。わかりやすく効果的である。

発行：星和書店　http://www.seiwa-pb.co.jp

セルフ・コンパッションの
やさしい実践ワークブック

2週間で、つらい気持ちを穏やかで
喜びに満ちたものに変化させる
心のトレーニング

ティム・デズモンド 著　中島美鈴 訳

A5判　176p　定価：本体 1,700円 + 税

たった 2 週間でつらい気持ちを解消する心のトレーニング方法「セルフ・コンパッション」の実践ワークブック。アメリカで注目を集めている "幸せを身につける方法" をフローチャートや実践例を交えてわかりやすく解説。

マインドフル・セルフ・コンパッション
ワークブック

自分を受け入れ、
しなやかに生きるためのガイド

クリスティン・ネフ, クリストファー・ガーマー 著
富田拓郎 監訳

B5判　224p　定価：本体 2,200円 + 税

「自分を思いやる」ことで心身の健康や回復力を向上させる、実証的根拠のある心理プログラム。豊富なエクササイズや瞑想実践を通じて、自分と自分の人生を大切にし、より充実した毎日を送る方法を身につける。

発行：星和書店　http://www.seiwa-pb.co.jp